inacoteca di
Biglietto Accesso
Salita a Piedi - By Stair
29.04.2012
Intero
Evento 671 PIST
1152
Eurail Pass Cover

사람들에게 곤돌라를 …
생각이 들었다. 시간은 빨개도 흘렀다. …
운전사와 남자용, 그리고 헤헨따라 나는 같길이 …
곤돌라에 같이 탄 남자용이 너무 좋았고 빽빽거려서
특히 언니도 왜 그남자는 설까를 한두번도
싫다며… ㅋㅋ 사랑마음이란 비슷한가보다
여행하고 싶진 않은 스딸? 니스에서 만난
여행하고 싶진 … 출발했다
아무튼, 언니와 나는 미술관으로 출발했다
구겐하임 미술관에 갔다. 거기는 꽝꽝 12
동양여자라며, 동양여자가 학생이요~
이랬는데, 씨알도 안먹혔다 ㅡㅡ 진짜
이탈리아인이 아니랜다 ㅡㅡ 진짜
그래도, 12유로의 가치가 가지는 … 되
현대미술관 이래서 완전 재밌어 …
미래파 작품들이 꽤 있어서 주인 같
'걸어가는 누드' 라는 있었는데,
뒤샹이 이 그림을 제작할때, 그
단순히 속도만을 나타낸다고
작가의 이름과 작품의 이름은 생
조각에 속도를 반영한 최초
한 면만을 바라본다. 조각을
감만을 나타낸 건 아니다.
[redacted]. 작가의 고민이 느껴
그러나 솔직히 보랑쿠시의 '새
그의 또다른 새 안계는 모르겠
무거워보인다. 그리고, 가장 …
다른 부분의 느낌에 비해 …

…내심세구나라는
다리는 무슨 다리를
정말 이렇다 ㅜㅜ
…데, 오늘은 안내
했던 곤선씨가
…day 유일이다.
…했는데, 로마에서 제외한다는
…과는 인연이 없는지도! 그래:
그렇진 않다. 오히려 이
…지만, 일정은 소화할 수 있도
정되는건 내일도 이곤면 문제
가기 힘들어진다…
…사람에게 밥사지 하는
내가 그곳에서 이겼다면
…지만 파리에서는 절대 이곤
이라서 다행이다. 나는 개
…, 그 옆에서 파는 코코
강하게 들렸다.
다 나왔으면 좋겠다. 내:
…에 유학생으로 온 러키
…에서 내게 준 가이드
…에서 첫 인사는 그
…시고, 솔직하게 나의
…여, 어디어디 나라를
…기로 정했기 때문이다.
…은 좋은 감자를 읽고
…서 많은 한국인은
…"
기대되진 않았다.

이미 사람들이 우글우글 했다. 그런데 전부 친구 혹은 가족들과 같이 와서 거기를 밟고 도는 모습을 사진 찍는다. 나는 괜지 엄청 우울해졌다. (정말 별거 없는 엄청 황당한데, 나는 왜 이렇게 우울한지 모르겠다. 혼자다닌지 하루이틀도 아니고, 스위스에서도 혼자다녀서 너무 좋았는데… 왠지 일하는 우울하다, 하긴 누군가 옆에 있어도 우울할 것 같긴 하다.) 나는 그 곳을 도는 사람들의 모습이 참 재미있다고 생각했다. 그래서 사진대신 사람들의 모습을 동영상 촬영~!

…길은 잃었지만 좋은 구경을 한다 했었다 …구두!!
아이부터 노인까지 수천명의 사람들이 약 …

← 나는 지금까지 이런 복장을 하는 … 했는데 크리스찬 이었다. 하얀색 … 사람들이 행진했다. 어떤 사람은 …
내용은 글이 설명을 해주는게 아니라 "…
"내려오는 예수" "성모마리아에 안겨있는 …
사람들이 나타났다. 그에 따라 행진곡…
사람들도 인산인해를 이루었다. 아까만 …
이렇게 나온건지. 나는 우연히 자리를 …
(사진찍기 좋았다) 즐거운 광경을 …
부활절 때문에 사람들이 레스토랑으로
찾아놓 맛집은 도저히 사람이 빠져나갈
가려가. ● 영어를 그래도 a la carte
더불어 세트메뉴도 (나도모르게 시켰다)
스프와 스타라는 것과 치킨을 시켰다.
치킨은 정말 맛있었다. 12.5유로라는
(저녁은 먹을 수 있었다) (아하만 더
가게로 갈꺼라는 것, 계산서 달라는 길
그리고 길을 잃었었다.
그러려니 했는데 Information
또 침이 바짝바짝 말랐다. 이

165 라고 무엇보다 머플러. 그
그에비하면 난 용산역에 가야할 패션. 그래도 나는 …
내 신발 이쁘다고 했다. 아 단전 일기 …

…신발
정말
사람들이
…었으나
…수도 있다. 그리고 와코의 프레시온
…별로 보고 결들이 때리면 했는데,
…던지 기뻤는지 알고 있었다.
그리고 DM열차를 타러 go go! 오는 …
와 T-T 재밌있어. 전번에 같이 사갈 다…
그냥 그랬는데, 이쁜 사람이 … 박개국어

4/23 月
와우!! 아마도 스위스에서 가장 아…
밤 11시 30분에 쓰는 일기.. 피곤하…
갔다왔고, 꼭 해보고 싶었던 [redacted]
아무튼, [redacted] 놀라지만 오늘 하루의
어제 봤던 여자분이 7시에 만나자 해서
할에는 그 유명한 백팩커스의 아침이
우유, 요거트, 간단하지만, 아침이
코인을 사용하여 뜨거운 물도 받아서
먹지 않았다. 내가 20분을 늦어서
굶는 분은 이런 것 같고, 아무튼 …
일을 줄 알았던 점이 너무 많아 속이
네개를 주시고 [redacted] 가셨다! 감사
명함 잃어버림 ㅡㅡ;;
뒤를 보는데, 조그마한, 누가봐도 …
한국인과 중국인 일본인을 구분하는
누가봐도 한국인! 이라고 말했다.
"혼자 있는 여행객은 언제나 누가
한국분이 시냐고 용기있게 여쭤보
오늘 융프라우 요흐에 같이 가시는
식사를 하는데 높장을 잘 이제 …
보물도 내려와서 함께 아침을 …
그후에 [redacted] 심부름 뒤에 보여
고민을 하다가 결국 따라 나섰다. (그
무엇이 되는 모양이었다.) 그런데 …
쉽게 핸드폰을 하시길래, 대단하…
올리고 있었다고 한다 ㅡㅡ;;
그리고 인터라켄 OST 로 향해 …
경치가 너무 좋아서 걸음만하다.

4/27 金
낯장을 여행 온 이후 처음으로 …
일처럼 느껴진다. 루체른에서는 당연히 패러
하려고 했는데, 인터라켄처럼 경치가 아름다운
대며 돌아다니게 됐다.
오늘은 마음을 비우고 기차역으로 간다. 공중전화를
물을 좀 사고, 동전으로 전화를 했다. (아마도 이
곳을 물어봤더니 다 좋아…! 마음을 비웠지만
귀여운 얼굴의 직원이 나를 기다하곤 하이병하…
동전은 전화기에서 다른 가온다. 60센트를 겨우 맞
오전엔 문을 열었지만, 오후에는 어케될지 모른다고
자가 아니구나… 생각하고, 마지막 지푸라기라
전화를 했는데, 뜻밖의 대답. 인터라켄 …
있는 ZUG이라는 데서만 오늘 유일하게 가능하
정말 살아나주신 루체른 아주머니께 감사드렸
…했다. 고맙게도 내가 유레일
패스도 다 썼으므로, 기차표…

4/14
(산도 = 화장실 50×2 = 1유로 + 와파이트 5
+ 버네차 8유로 + 점심 3.2유로 + 보르
+ 저녁 2.5유로) 를 대박같이 썼다… 0

18.7유로 … 돈출혈 280,500.. 그
왠일인지 오늘 오스트레일리안 사람이 일찍일…
나도 일찍 깼다. 전날 모든 사람들이 잘때까지
자서 결코 일찍 일어나고 싶진 않았지만, 보통사
그 여행인은 키가 엄청 커서 이층에서도 키의 버께
눈을 떴다가 털이 복실복실한 그 몸을 보아 맞았다.
그 남자의 키

아 씻
…
일어나
'(지금 나랑이 …
내앞에서 팬티만 입었지만 …
보다가 그분이 떠나고 나서야 대충 씻었다. (얼굴과 발
같이서…) 다 씻었는데 여자분이 씻으려고 기다리고 있었
여자분이 말을걸었다. 인상좋아보이는 여자분과 남자분이었다 (
일찍자고 남자분은 일층이라 얼굴을 제대로 못봤다. (사실은
제대로 보지 않았) 이름은 …

GÜLTIG: 27.04.2012

LUZERN

ZUG

ARTIKEL-NR: 000125

CHF 11.20

LUZERN/050005/00/0011
WS 0113/Kasse 4130000/ue
496218 04/12 27.04.2012/

BUCHUNG TRANSAKTIONS
VISA DEBIT AID:A0000000
422727XXXXXX0109
EXP:07

FB62423F378BF0298818D70
D7E
TRM-ID/PER: 210710
TRX-SEQ: 9
TRX-REF: 06
AUT:

Total-EFT KRW:

Local currency CHF:
RateKRW 01'284.362 =

27.04.2012

문화체육관광부 한국만화영상진흥원 KOREA MANHWA CONTENTS AGENCY
한국만화영상진흥원 2017 다양성 만화 제작 지원사업 선정작

나 홀로 유럽

겁쟁이 원달이의
두 번째 배낭여행 만화

白○☾
백원달

231

Contents
목차

유럽으로 뿅!

프롤로그

여행은 일단 저지르고 보는 것!

생각해보면
난 항상 유럽에 가고 싶었다.

급. 생. 각.

TV에서만 보던
웅장하고 멋진
건축물!

기울어진
피사의 사탑
두 둥
손 위치
잘 맞았나요?

그리고 그 앞에서 인생샷 건지고픈 나

둘이 먹다가 하나가 죽을락 말락 해도
새카맣게 모를 정도로 맛있다는
유럽의 음식들!

냠냠냠냠냠냠
너무 맛있어서 쥬금

여행에서 만나는 좋은 인연들!

Welcome to Europe!

그리고
설렘 가득한 유럽을 홀로 걷는

당당한 나!

그러다가 친구 '개미'와 함께
얼떨결에 동남아 배낭여행을 다녀온 뒤

허파에 (잠시) 바람이 들었다.

원달이가 바람이 들기 위해
고생하는 허파들을 표현했습니다.

언젠가라고 말하면 절-대 못 간대
바둥
바둥
시끄러워! 언젠가 갈 거라고!!
언젠가 갈거야! 일단 알바 좀 하고
여기 주문이요~
넵!
파스타 빨리 갖다주세요!!
넵!
다다다다
넵!
원달아 설거지 밀렸어!!
언젠가 갈거야! 일단 대학교 졸업부터 하고
탁탁탁
내일까지 졸업논문 마감…
탁탁탁
언젠가 갈거야! 생활이 좀 넉넉해지면
벌컥 벌컥
취준생

그렇게
시간은 쭈욱쭈욱 흘렀다.

유럽여행은 기억에서 잊힌지 오래였다.

아이들의 대화는
귀엽고 재미있다.

갑자기 훅 들어왔다.

꿈……?!

어른이 된 후 '꿈'이라는 단어는
왠지 이분의 이름처럼 느껴진다.

지인과 대화할 때도

그 단어를 슬쩍슬쩍 피하면서 말하게 된다.

그러나 아이들의 순수한 눈빛은

불문율을 가볍게 깨뜨린다.

바보야~ 선생님은 미술학원 선생님이 꿈이었으니까
지금 여기에 계신 거잖아!
그런가?
그러니까 선생님은 꿈을 이룬 거지!
선생님, 제 말이 맞죠?!
뜨끔
무무무무무 물론이지!
따봉

미안해
얘들아
선생님은 너희들을
무척 사랑하지만
내가 뭐랬어~
대단해!
내 꿈은 이게
아니란다
돈 벌려고 하는 거야…

난 뭘 하고 싶었지?

톡톡
나
유럽
?!!!
유럽

맞아, 난 유럽으로 떠나고 싶어 했어!

어찌어찌해서 다녀왔다고 쳐.
그 후에는 어떻게 할래?

이렇게
온갖 걱정들이 나를 붙잡을 때,

해결할 수 있는 방법이 딱 하나 있다.

일단
비행기 티켓부터 끊고
나중에 걱정하는 것!

저지르고 나서(?)
어머니께 슬며시 말씀드렸더니…

금세 포기하셨다.

자취했을 때도

대학교
휴학했을 때도

엄마, 나 너무 힘든데
딱 일 년만 쉬면 안 될까?
생각을 좀 해보자

이미 휴학했지롱~
先행동
後허락2!
휴학계
도대체
왜 물어보는
거냐구

…이랬었잖아!
날씨가 참
맑네그려~

개미에게도 말했다.

-라고 쿨한 척했지만
가장 걱정이 되는 사람은 바로 나였다.

어쩌겠어,
꼼꼼히 준비하는 수밖에!

이렇게 여행 계획을 세워서 프린트하니까
셀프 가이드북이 어마무시하게 두꺼워졌다.

사실 나도 이 빡빡한 계획을 거의 지킬 수 없단 걸 안다.
하지만 곁에 아무도 없는 유럽에서…

영어도 문제였다
(가장 심각한 문제였다).

외국인, 영어, 알파벳이
등장하면

머릿속이 새하얘지면서

뇌백화
:뇌 속의 모든 지식들이 하얗게 불태워지는 현상
수능시험을 볼 때 주로 발생한다.

하얗게 굳어버린다.

생존 영어회화가
다급했기 때문에
당장 전화영어 신청!

대망의 첫날.

쾌활한 목소리의
필리핀 선생님!

전화상에서 자신을 소개할 때는
'I am'이 아니라 'This is'를 사용한다.

"디스 이즈 제니."를
"이것은 제니입니다."-라고
문자 그대로 해석해버린
나란 바보…….

제니는 당황했는지
잠시 말이 없었다.

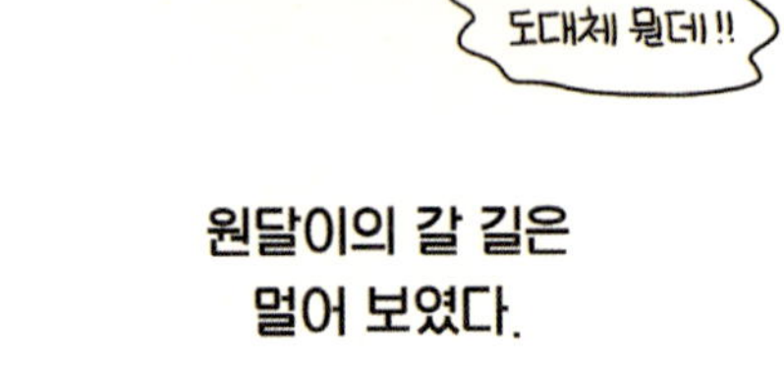

원달이의 갈 길은
멀어 보였다.

그뿐만 아니라
저질 체력도 문제!

배낭여행 떠나기 전까지
운동하기로 결심했다.

헬스장에 등록했다.

그곳에서
심각하게 열정적인
트레이너들의
몸짱 훈련을 받다가

결국, 성인 수두에 걸려
격리실에 수감되고 말았다.

배낭여행 시작하기도 전부터
삐걱거리는 원달이…….

과연 무사히
다녀올 수 있을까?!

Chapter 1

허둥지둥 영국

떠나는 날이 오고야 말았다
나의 첫 번째 유럽 <런던>

떠나는 날이 오고야 말았다

홀로 떠난다는
극도의(?) 공포로
밤을 꼴딱 새우고 말았다.

어제 챙기다 만
여행 짐을 마무리했다.

이 가방들이
두 달 동안 나와 꼭 붙어 다닐

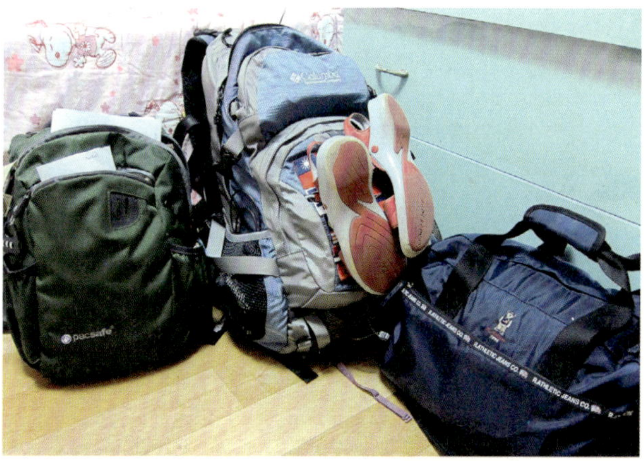

세 명의 친구들이구나!

사실, '배낭여행'이라고는 해도
진짜 '여행 배낭'을 메고 떠나는 사람은 많지 않고
대부분 이런 모습으로 여행한다.

나는 알량한 자존심으로
40리터짜리 배낭에
크로스백 2개를
크로스로 메게 되었다.

나중에 공항에서 재보니
가방 무게가
20kg 가까이 나왔다.

넘나 무거운 것…….

걱정이 이만저만 아닌 우리 엄마.

아니,
우리 원달이가…

언제 이렇게
엄지 척
다녀올게요
듬직해졌지……!

…는 개뿔!

앞으로의 걱정 때문에 기절하기 직전이다.

인천공항에 도착해서도
부르르르르 떨며
게이트에 앉아있다가

부르르르
르르르르
부르르르
르르르르
부르르르르 떨며
비행기에 올랐다.

유럽으로 출바바바알!!
바리
바리

배낭여행 첫 목적지는
영국의 런던이다.

런던은 나에게
검은 우산을 든 꽃중년 신사가
괜히 말을 걸 것 같은 느낌을 준다.

한국에서 런던으로
바로 가는 비행기는
가격이 비싸다.

여행 경비가 빡빡했던 나는
최대한 저렴한 비행기 티켓을
사기 위해 노력했는데

첫 번째가 '최대한 빨리'
예매하는 것이고

일반적으로 비행기는 빨리 예매할수록 저렴하다.

두 번째가 목적지로 한 번에 안 가고
경유(비행기를 갈아탐) 하는 것이다.

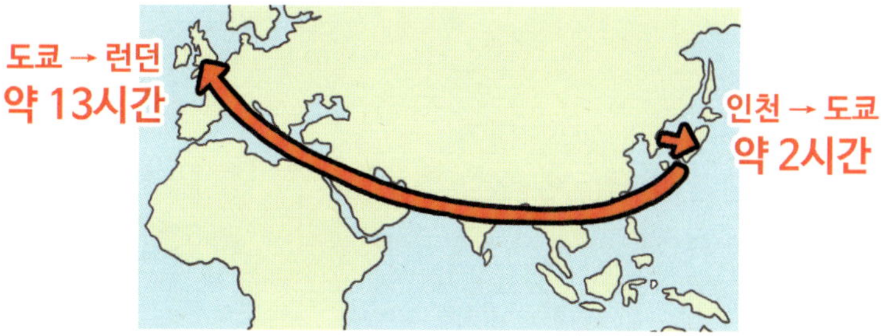

그밖에 프로모션(항공사 특가 행사)을 기다리는 방법도 있다.

다른 비용을 절약하는 건
거의 티도 나지 않지만

적게는 몇십만 원에서 많게는 몇백만 원까지 하는
비행기 티켓값을 절약하면 완. 전. 이. 득!

단, 갈아타고 또 갈아타다가
30시간 넘게 경유할 수도 있으니
각오해야 한다
(원달이 본인의 경험).

아무튼, 첫 번째 비행기(도쿄행)를 탔을 때는

무서워서
눈물을 찔끔찔끔 흘리며
기내식을 먹기도.

두 번째 비행기(런던행)에서는
눈물이 나지 않았다.

아니, 눈물이 나오지 못 했다!

공기가
사막처럼 건조해서
쩌어억
바싹
바싹
쩌어어억
쩌어억
수분 한 방울까지
증발하는 느낌이야

콧구멍 안쪽도
쩍쩍 갈라졌어!!
이러다가 코피 날 것 같아
쩌어억
쩌어억
침도 증발해버려서
목구멍도 메말랐어!!

마른 입안에
물을 오래 머금기도 하고

콧구멍 안으로
수분을 공급(?)하기도 했지만

별 효과는 없었다.

괴로웠던 13시간의 비행이 끝나고
런던 히스로 공항 도착!

(당연한 말이지만)
사람들 모두

서. 양. 인.

글씨도 전부

알. 파. 벳.

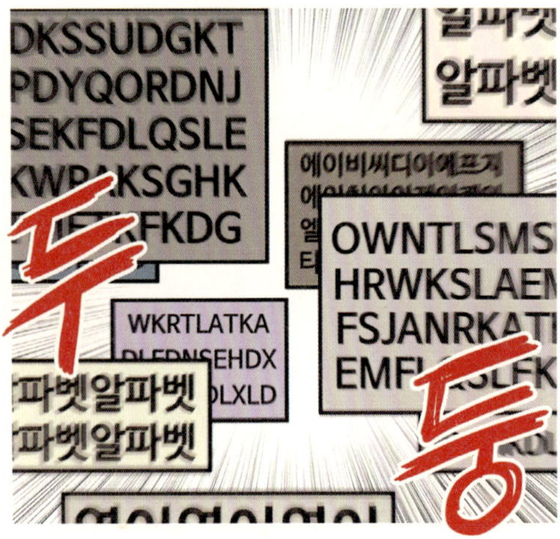

침착해!

오늘을 위해 전화영어 열심히 했잖아!
심지어 병원 격리실에서도 영어 공부했다고!

조금 진정됨.

런던의 지하철은 'Subway' 대신 'Underground'나 'Tube'로 불린다.

런던에 나의 첫 영어가
울려 퍼졌다.

매우 자세한 것으로 추측(?)되는
영국 아저씨의 설명은
하나도 알아듣지 못했지만
(아저씨 죄송합니다)

만국 공통어 보디랭귀지 덕분에
무사히 지하철까지 갈 수 있었다.

지하철에 탔다.
유리창 바깥으로 보이는 풍경이
불빛 하나 없이 새카매서
덜컹~
덜컹-
마치 탄광굴 속으로
들어온 기분이 든다.

자그마한 런던 지하철은
내부도 매우 좁다.

한국에서의 전철 의자 간격이 이 정도라면

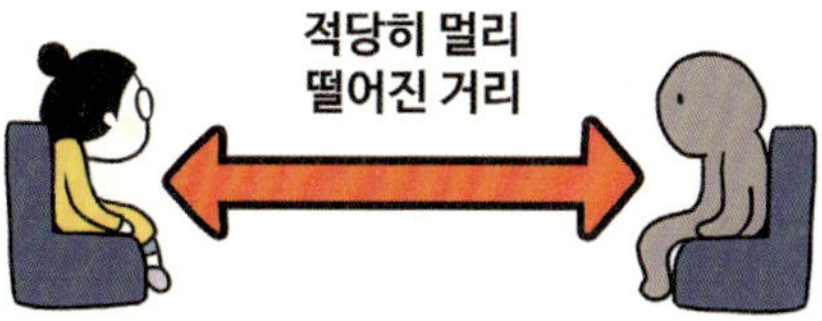

런던은 이런 느낌이랄까!

이거 무슨
KTX 마주 보는 좌석도 아니고
무릎 닿겠네 닿겠어…….

지하철 안의 동양인은 나 혼자뿐이다.

두려움이라는 안경에 비친
서양인들의 모습이 무섭다.

괜히 꿀밤 때리고 싶네
좋은 말할 때 핸드폰 내놔
돈 나오면 1페니에 한 대

1페니: 영국 화폐단위(한화 약 20원)

나는야 인증샷 인간, 백원달!

응?
Excuse me?

누가 날
부르는 거야?
왜 부르는
거야?
내 짐 갖고
도망가려고?!
꽈악

내가 사진 찍어줄게요
배경까지
나오게!

아……!

낯선 여행지,
낯선 외국인 사이에서 느끼는
불안감들이

조금 녹는 기분이 든다.

저녁 7시가 넘었지만
해가 늦게 지기로 유명한
런던의 하늘은
오후처럼 밝기만 했다.
Welcome to Europe!
헤헤

한인 민박에 도착했다.

런던에서 머무는
한인 민박은 '도미토리'로
룸 하나를 통째로
빌리는 게 아니라
침대 하나를 빌리는 시스템이다.

고작 침대 하나라고는 하지만 가격은 무시 못 한다.
동남아 태국의 한인 민박은 침대 한 칸 빌리는데 '오천 원'도 안 했는데,
런던의 민박은 '오만 원' 가까이하기 때문!

민박집 사장님은 인상도 좋으시고 매우 친절하셨다.

다만 잠을 못 자게 하셨다.

한국이 영국보다 8시간 빠르기 때문에
졸리다고 밤이 되기도 전에 자버리면
유럽의 시간에 적응할 수가 없다.

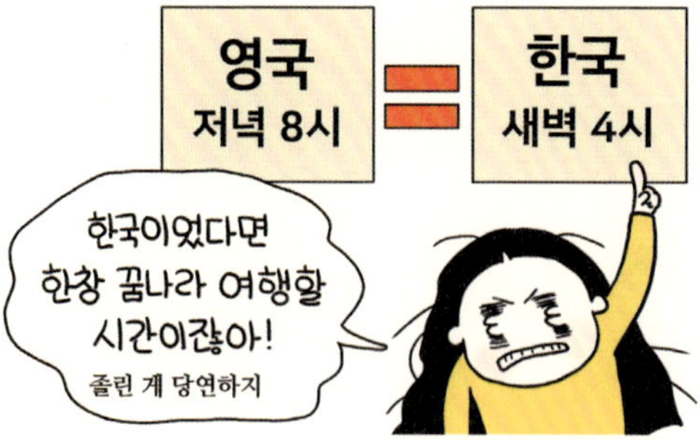

한국과 영국의 시차는 9시간이지만
썸머타임이 적용되면 시차가 8시간으로 변한다.
썸머타임은 매년 3월 마지막 주에 시작하여
10월 마지막 주에 종료된다.

사장님 말씀이
전부 옳아.

하지만

감기는 눈꺼풀은
천하의 헤라클레스도

못 들어 올린다고!

아이고!
철푸덕

다 잤다!!
번
쩍

시계를 보니
이제 겨우 새벽 한 시!

나는 말똥말똥한 눈으로
런던에서의 첫날밤을
꼬올딱 샜다.

다음 날 아침,
반가운 한인 민박 아침 시간!

배낭여행 숙소는 한인 민박 말고도 다양하다.

오직 '아침밥' 때문에 한인 민박을 선택한 나!

그.런.데.

맛있는 아침이 짙은 안개에 가린 것처럼 뿌옇게 보였다.

밤샌 것 따위와 비교되지 않는 더 큰 사건이 터졌다.

원인은
멀미 패치 부작용!

평소 멀미가 심해서
비행기 타기 전
패치를 붙였다.

어제 패치를 뗄 겨를도 없이
기절했을 때,
표면에 묻은 약품을 만진 손으로
눈을 비빈 모양이다.

멀미 패치 부작용은 동공 확장!

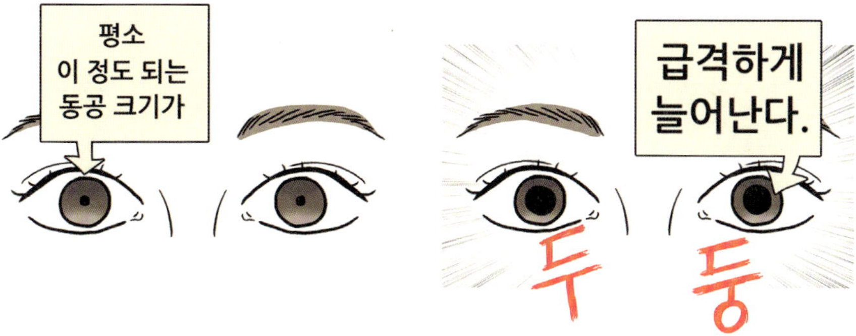

마치 밤의 고양이 눈처럼!

멀리 있을 땐 초점이 맞지만

가까이 가면 보이지 않는다.

생각해보면
동남아 배낭여행 때도
동공 확장증에 시달린 적이 있었다.

그래도 그때는 다행히
한쪽 눈만 아팠었지.

이번에는 두 눈 모두 이 모양!

나는 런던에 있는 내내
앞에 있는 사물을 보지 못했다.

눈먼 나를 지탱해줄 첫 동행이 생겼다.

아침부터 선글라스를 끼고 있는 김 오빠!
그리고 스리랑카에서 어학연수 중인 동 군!

우리 셋의 만남은
민박집 사장님의
강력 추천으로
이루어졌다.

동행 확정!

어제는 비행도 피곤하고 정신없이 숙소로 가느라
런던의 경치를 살피지 못했지만,
지금 보는 런던은…

이름 모를 건물 하나하나, 스치는 나무 한 그루,
흘러가는 사람들이 모인 풍경이

화가의 그림처럼
아름다워서
신기하기만 했다.

유럽에서는 눈이 마주치면

-라고 말하며 미소 짓는다.

나도 대답하고 싶었는데
안 하던 걸 하려니
목구멍에 'Hi'가 걸려서
도저히 말이 나오지 않았다.

그래서 인사 대신
최대한 웃어주었는데
씨 익
오싹
외국인이 인사했을 때,
답인사 안 하는 건
예의가 아니래요
진짜요?!!!
인터넷에서
봤음
입장 바꿔 생각해봐도
원달 씨가 인사했는데
안녕!
상대방이 웃기만 하고
쌩 가버리면
씨익
이상하잖아요
끄덕
끄덕
매우 일리 있는
말이군!
그 뒤로는
최선을 다해 답인사했다.
씰룩
흐으이아이
(안뇽흐스여~)
제가 무슨
잘못이라도??
쌜룩

9시 조금 넘은 시각,
버킹엄 궁전에
도착했다.

아직 2시간 넘게 남았지만
궁전 앞은 근위병 교대식을 보기 위해 모인
사람들로 북적였다.

안 보면
평~생 후회할 정도로
멋지다는 근위병 교대식!
사진으로만 봤던 장면을
두 눈으로 보게 될 날이
올 줄이야!!
빰빰~
척!척!척!

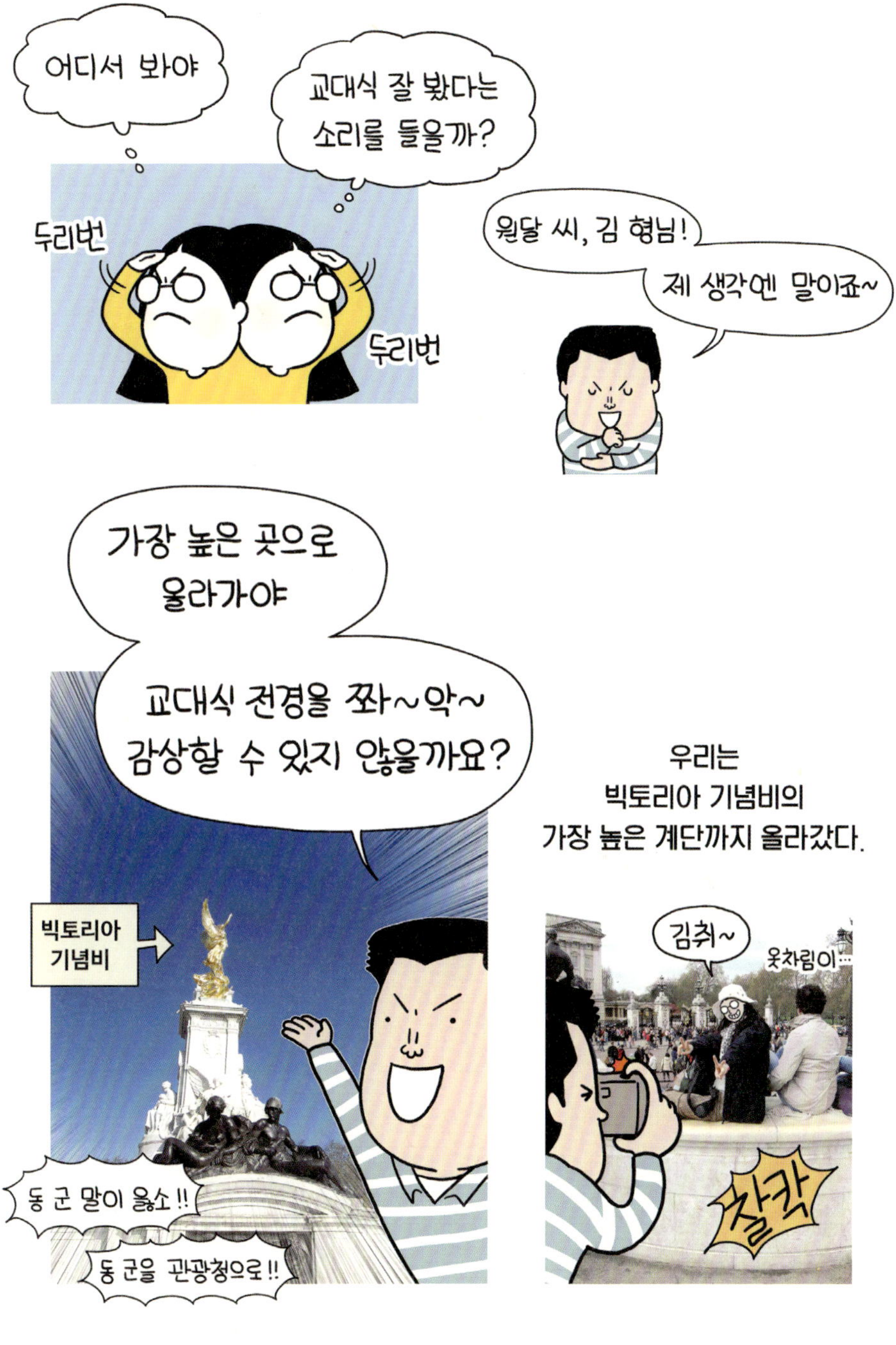
어디서 봐야
교대식 잘 봤다는 소리를 들을까?
두리번
두리번
원달 씨, 김 형님!
제 생각엔 말이죠~
가장 높은 곳으로 올라가야
교대식 전경을 쫘~악~ 감상할 수 있지 않을까요?
빅토리아 기념비
동 군 말이 옳소!!
동 군을 관광청으로!!
우리는 빅토리아 기념비의 가장 높은 계단까지 올라갔다.
김취~
옷차림이…
찰칵

오전 11시 30분,
화려한 행진 음악과 함께
근위병 교대식 시작!

그런데?!

자리 선정은
완벽한 미스 초이스였다.

좋은 교대식이었다……!

보진 못했지만

매우 민망해진 동 군.

실수를
만회하려는 동 군!

'피시 앤 칩스'는 영국의 대표 음식이다.

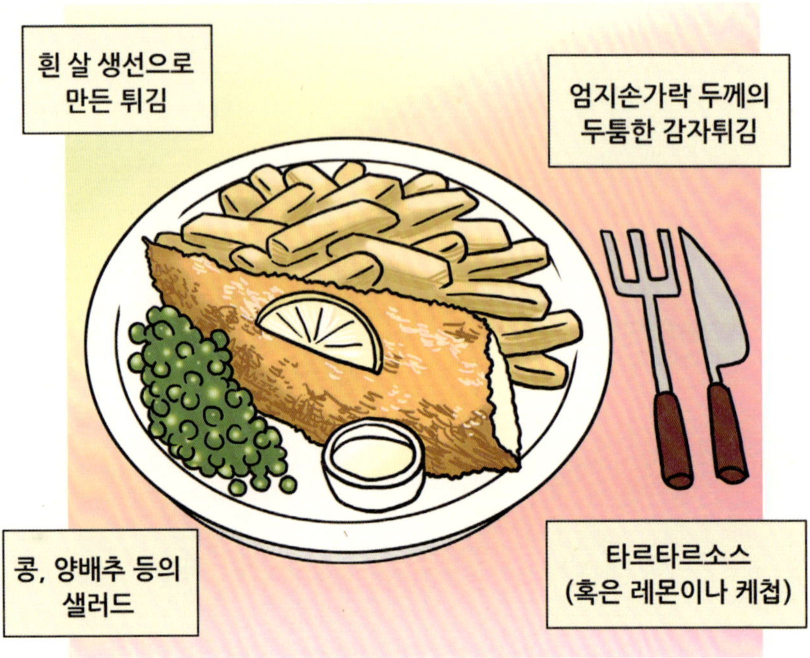

동 군이 찾아온 맛집의
피시 앤 칩스는
굉장히 먹음직스러웠고

드럽게 맛이 없었다.

가격도 드럽게 비쌈.

런던의 음식은 맛없기로 유명하다.

그리고
동 군과 나보다
몇 살 더 많았던
김 오빠!

그분은 여행 중간중간
이런 말을 했다.

내가 여행을 떠난 3~5월에
유럽으로 오는 사람 대부분은
직장을 그만둔 사람들이다.

나 역시 그렇고.
저분도 마음의 갈피를 잡지 못하고 유럽에 온 거구나.

김 오빠의 말은 이런 의미였던 것!

셋도 좋지만, 때때로 혼자 여행하기도 한다.

낯선 곳에서의 두려움만 뺀다면
혼자 여행하는 게 꽤 편하다는 걸 조금씩 느끼고 있다.

친구와 함께하는 여행은
서로 의지 돼서 좋다.

하지만 의견이 갈리면 다툰다.

그러나 나 홀로 여행할 땐
여행지에서 만난 사람과
일정이 달라도 괜찮다.

그는 그가 가고 싶은 곳에,
나는 내가 가고 싶은 곳에
가면 된다.

우린 모두 나 홀로 여행객이니까!

혼자 여행하는 내 모습이 뿌듯하다.

그리고 걱정했던 것과 달리,
나 같은 영어 왕초보도
홀로 배낭여행하는 데
그다지 문제없다는 걸 알았다.

내친김에 런던의 명물
빨간색 2층 버스를 타고
빅 벤으로 간다.

2층 버스 2층 맨 앞에 앉으면
전면 유리를 통해 런던의 거리를 내려다볼 수 있는데

그 풍경이 마치 영화의 한 장면 같다.

웨스트민스터 궁전 북쪽 끝에 있는 빅 벤에 도착했다.
손대면 찔릴 것 같은 고딕 첨탑과 오래된 보물지도 같은 벽의 색감이
건축물을 더 멋스럽게 만든다.

타워 브리지까지 걸었다. 발바닥이 깨질 것처럼 아팠다.

요술쟁이가 만들어놓은 것 같은
템스강의 아름다운 성을 보자 힘든 게 싹 잊힌다.

두 개의 생각이 동시에 뇌리를 스치는
런던에서의 아쉬운 마지막 밤.

뮤지엄 다이어리 ★ Museum diary

영국 박물관의 두 얼굴

1

영국 박물관

토튼햄 코트 로드 역에 내린다. 수많은 사람이 서로 약속이라도 한 것처럼 한 방향으로 흘러간다. 걸음이 멈춘 곳은 영국의 대표 뮤지엄, 영국 박물관(대영 박물관)이다. 입장 시간이 되자마자 밀물처럼 밀려들어 온 사람들 때문에 여기가 박물관인지 시장통인지 모르겠다.

영국 박물관에 소장된 유물을 전부 보려면 못 해도 일주일은 넘게 걸릴 것이다. 나에겐 충분한 시간도 돈도 없으므로(런던의 물가는 유럽 중에서 특히 비싸다), 한국에서부터 관심 가던 전시실로 직행해서 충분한 시간을 보내기로 했다.

그리스 유물이 전시된 곳으로 향한다. 한국에서 가끔 서양 유물 특별전이라도 할 때나 만나볼 수 있던 그리스 조각품을 눈에 과부하가 걸릴 정도로 보다니!

난 대리석으로 만들어진 인체가 참 좋다. 몇천 년 전, 변변한 기계장비 하나 없는 사람들이 거대한 돌덩어리를 섬세한 인체의 표정과 근육, 옷 주름으로 조각해냈다는 사실도 놀랍고, 시간이 흘러 회색빛으로 변한 대리석의 색감도 멋스럽다. 어쩌면 어릴 때부터 '그리스 로마 신화' 읽는 걸 좋아해서, 그 시대의 미술에 친근감이 드는지도 모르지.

그러나 영국 박물관에서는 '대리석 조각' 자체보다는 조각이 전시된 '공간'이 나를 감탄하게 만든다. 일반적인 박물관은 골동품 가게처럼 유물이 빽빽이 나열되어 있는데, 영국 박물관의 몇몇 전시실은 유물이 전시된 공간 자체를 하나의 작품으로 표현했다.

2
몇천 년 전 사람들이 거대한 돌덩어리를 섬세한 인체와 옷 주름으로 조각해냈다는 사실이 놀랍다.

3

4

대표적으로 '네레이드 갤러리'가 있다. 영국 박물관의 메인 전시실 중 하나인 이곳은 네레이드 제전의 유물을 전시한 공간이다.

일반적인 전시실 천장이 옅은 회색빛이라면, 네레이드 갤러리 천장은 짙은 파란색으로 칠해져 있다. 마치 밤하늘을 연상케 하는 천장이다. 파란 천장 아래에는 제전의 외관이 통째로 옮겨져 있다. 그 아래에는 세 명의 목 없는 여신이 관람객들을 내려다보고 있는데, 나는 그리스의 푸른 밤하늘 아래에서 신전을 우러러보고 있는 듯한 착각을 하게 된다. 한참을 그 전시실에 홀딱 빠져있었다.

'파르테논 갤러리' 역시 공간의 중요성을 상기시켜주는 전시실이다. 사실 파르테논 갤러리가 영국 박물관에서 가장 유명한 전시실이다.

파르테논 갤러리의 전시실 크기 자체가 다른 전시실과 비교할 수 없을 정도로 압도적으로 크다. 그 거대한 공간 안에 전시된 작품은 거의 없다. 대문자 아이(I) 형태로 이루어진 긴 공간의 양 끝부분에 몇 개의 인체 조각이 설치되어 있고, 벽면에 파르테논 신전의 부조가 부착되어있을 뿐이다.

작품 없는 작품 갤러리. 그러나 나는 이 공간에 들어온 순간 숨이 턱 막혔다. 이 전시실은 공간과 작품이 하나로 느껴지도록 하는 장치가 있는데 바로 '색깔'이다. 공간의 색과 작품의 색깔이 모두 연회색 빛으로 똑같다. 유사한 색 때문에 시각적인 혼돈이 일어난다. 하나는 여기가 전시실이 아니라 대리석으로 지어진 실제 파르테논 신전 안에 들어온 것 같은 혼동, 그리고 공간의 양 끝부분에 전시된 조각들이 둥둥 떠 있는 것 같은 착시현상이다. 인간의 형상을 한 존재가 공중에 떠 있다. 그 존재는 '신'뿐이다.

네레이드 갤러리와 파르테논 갤러리 전시 공간을 기획한 큐레이터가 누구인지는 모르겠지만, 천재인 것은 확실하다.

그동안 전시를 보러 꽤 많이 다녔는데, 작품이 전시된

5

공간으로 인하여 감동한 적은 처음이다. 극적인 효과 덕분에 고대의 조각은 단순한 유물을 넘은 거대한 의미로 감상자에게 다가온다.

그러나 나에게 감동을 주는 유물들은 과거 영국의 약탈로 인한 부끄러움의 산물이기도 하다. 약탈품에 대한 전 세계의 따가운 시선 때문인지 영국 박물관의 입장료를 받지 않는 영국, 그리고 그리스에 갈 여력이 되지 않는 내가 영국에서 그리스 유물을 보며 좋아하는 이런 상황을 돌이켜보니, 마음 한편에 잃어버린 보물에 관한 씁쓸함과 미안함이 자리 잡는다.

3
밤하늘을 연상케 하는 네레이드 갤러리 천장.

4
거대한 신전에 들어온 듯한 파르테논 갤러리.

5
파르테논 갤러리의 조각과 신전의 색이 거의 똑같아서 시각적인 혼돈이 일어난다.

Chapter 2

쫄깃쫄깃 스페인

악명 높은 스페인의 진실은?! <마드리드, 쿠엥카>

두근두근 만남이 있는 도시 <바르셀로나>

악명 높은 스페인의 진실은?!

마드리드 MADRID, 쿠엥카 CUENCA

스페인으로 떠나는 날.

런던 민박집 사장님은
나를 꼬옥 안아주셨다.

생각지도 못했던 낯선 곳에서의 따뜻한 포옹에
울컥해서 눈물이 조금 나왔다.

런던을 떠나는 게 아쉽지만,
스페인 역시 무척 기대되는 나라다.

항상 이렇게 대답했을 정도로
어릴 적부터 스페인에 가고 싶어 했으니까!

돌이켜보면
스페인에 대해선 쥐뿔도 모르면서
막연히 좋아했었던 듯.

어릴 적부터 기대하던 스페인 마드리드의 바라하스 공항에
도착하긴 했는데!

스페인 마드리드는
여행의 낭만을 피알하는
가이드북에서도 조차
주의를 줄 정도로
꽤 위험하다고 한다.

실제로 여행 중에 만났던 한 여자분은
마드리드 공항에 도착하자마자 캐리어 통째로 날치기당했다.

복대 안에 있던 여권이랑 카드 빼고 다 털렸어요
콸콸콸
눈물 없이는 들을 수 없는 이야기

그 밖에도
경찰관 행세를 하거나,
여행자 옷에 얼룩을 묻힌 뒤
지워주는 척하며
물건을 훔치기도 한다.

걱정덩어리 백원달은
소매치기 방지를 위해 만반의 준비를 했지만

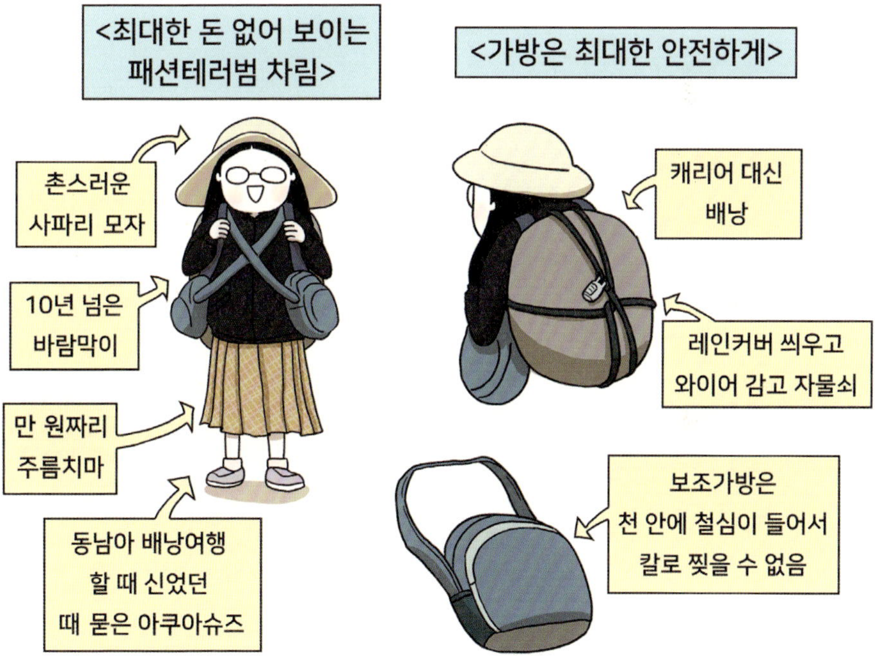

그래도 무서운 건 어쩔 수 없다.
Because 난 걱정 왕이니까!

그래서인지 여행 내내 단 한 번도 소매치기당하지 않았다.

지하철을 타고 솔(Sol) 역에 내렸다.
파란 어둠과 가로등의 불빛이 거리에 깔려 있다.

국민 길치(?)인 나는
민박집 지도와 씨름 중!

가뜩이나 길 못 찾는데
밤이라 더 모르겠다

무섭긴 하지만
현지인들에게 도움을
요청하기로 했다.

스페인은 관광대국이지만
놀랍게도 현지인 대부분은
영어를 못한다.

식당이나 가게에서도
아주 기본적인 영어조차
통하지 않는 경우가 많다.

말이 전혀 통하지 않으니,
스페인 남자들의 커다란 눈동자가
괜히 무서워진다.

그 뒤로도 계속 방황 중.

마중 나온 사장님 덕분에 무사히 입실 완료!

다음 날, 아침 7시!

'쿠엥카'라는 근교 도시로
가기 위해 서두른다.

실수로 초인종을 눌러버리고 말았다
(초인종이 왜 집 안에 있는지는 아직도 미스터리).

사장 언니가 헐레벌떡 뛰어왔다.

아쉽게도
한 번의 길 잃음 없이
도착해버리고 말았다.

오늘의 교훈:
현지인 말 잘 들어서 손해 볼 것 없다.

쿠엥카로 가는 동안
멋진 구름을 보며 배고픔을 달랬다.

드디어 도착! 하지만
부활절 행사로 버스가 없어서
언덕 끝까지 걸어가야 했다.

마드리드에 도착한 다음 날
쿠엥카부터 달려간 이유는
가이드북을 읽다가 발견한
한 장의 사진 때문이다.

그 사진 아래에

내가 서 있다.

1,000년 전에 지어진
스페인 요새 마을의 전경!

쿠엥카에서 가장 유명한 장소는
'카사스 콜가다스(절벽 위의 집)'이다.
나 역시 그 사진을 보고 이곳에 왔는데

직접 두 눈으로 보니 '절벽 위의 집'은
신비로운 요새 마을의 일부일 뿐이다.

항상 품에 지니고는 다녔지만
거의 쓰지 않았던 그림 도구를
철사 가방에서 꺼냈다.

나름 미술학도였던 나에겐
로망이 있다.

그러나 현실은!

유럽을 여행 중인 외국인 부부.

부부의 응원으로 무사히
그림을 마칠 수 있었다.

수백, 아니
수천 명의 군중이
언덕을 가득
메우고 있다.

부활절 축제다.
영화에서만 보던 신기한 복장을 한 행렬이 끝이 보이지 않을 정도로 행진한다.

특정인만이 아닌 마을 주민 모두 행진에 참여하는 모습이 인상적이다.

아이를 안거나 유모차를 끌며
가족이 함께 행진하는 모습이
보일 때마다
이 축제가 더 좋아졌다.

외국 축제를 실제로 보기 전에는 이런 생각을 했다.

내 생각이 완벽히 틀렸다.

기차를 타고
마드리드로 돌아왔다.
솔 역 주위에는
마드리드의 볼거리가
모여있는데
내가 가장 좋아하는 장소는
마요르 광장이다.
여행자들은
마요르 광장에 앉아
한껏 늘어진 표정으로
휴식을 취하곤 한다.
찰칵

마요르 광장 곳곳에는
'행위예술가'가 숨어있다.

조각처럼 분장 하고
조금의 미동도 없이
서 있는 그들.

때때로
진짜 동상인 줄 알고
지나친 적도 많다.

여행 중 가장 인상 깊은 행위예술가를 만난 날.

가만히 보니, 가운데만 진짜 사람이고
양쪽은 인형 머리다.

왕궁으로 발걸음을 돌렸다.

외국인 사진을 찍어주는 김에
나도 사진 한 장 부탁!

외국인의 이름은 '투날'로 터키에서 온 여행객이었다.

무슬림인 투날이 정성스럽게 꺼낸 건
놀랍게도 가톨릭의 상징인 '묵주'다.

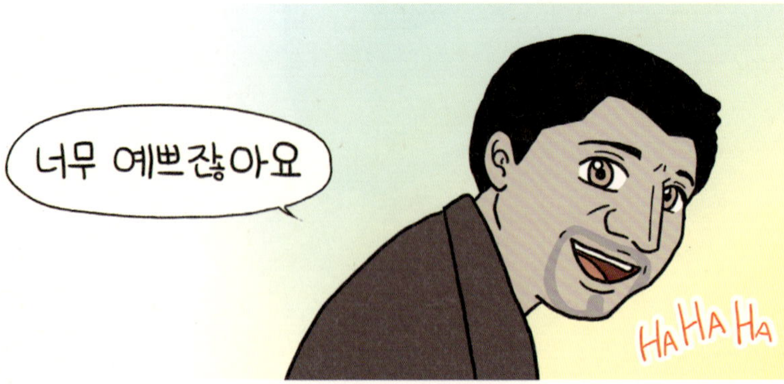
너무 예쁘잖아요
HAHAHA

태어나서 처음 나눠보는 무슬림과의 대화는
따뜻하고 포용적이다.

투날은 소중한 물건을
조심스럽게 가방에 넣었는데

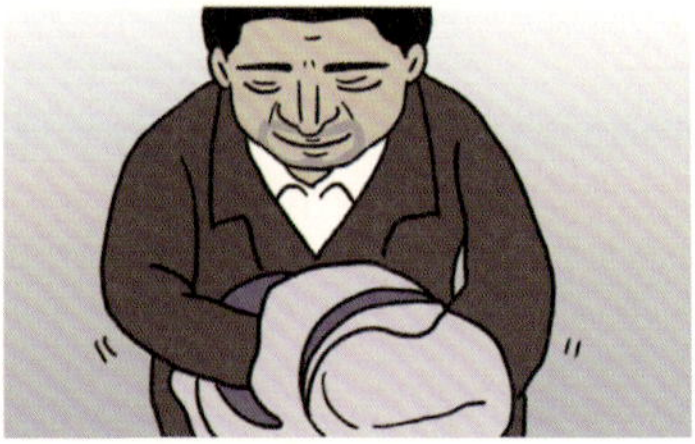

가방 상태가 영~아니다.

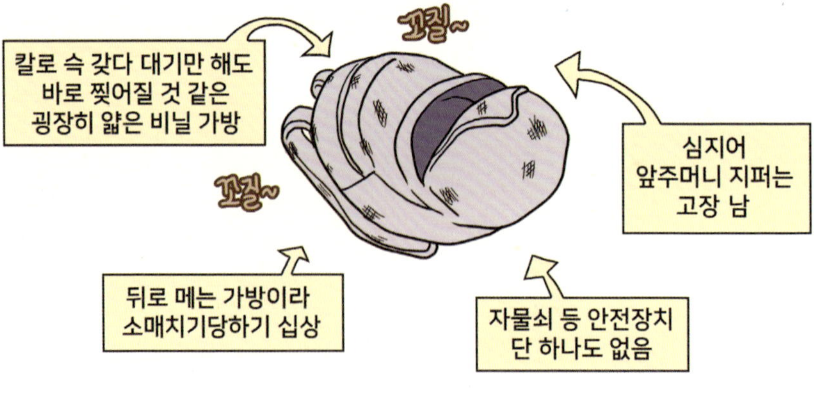
꼬질~
칼로 슥 갖다 대기만 해도
바로 찢어질 것 같은
굉장히 얇은 비닐 가방
심지어
앞주머니 지퍼는
고장 남
꼬질~
뒤로 메는 가방이라
소매치기당하기 십상
자물쇠 등 안전장치
단 하나도 없음

내가 만약 소매치기라면
투날 당신의 가방부터
노릴 것 같아요
스페인은 위험하다구요
No problem!

나의 심장은
깨끗해요.
그리고 언제나
기도하지요!
그러니까 나는
소매치기당하지
않아요.

때때로
스치듯 지나가는 말 한마디가
하루 전체의 경험보다
소중할 때가 있다.

그러나 심장이 깨끗해서
소매치기당하지 않는 투날은
거리에 들어서자마자

갑자기 가방을 앞으로 멨다.

진짜로 빵 터졌음ㅋㅋㅋ

유지엄 다이어리 ★ Museum diary

프라도 미술관의 숨겨진 보물, 루벤스와 고야!

1

프라도 미술관이 마드리드 최고의 미술관이라고 불리는 이유에는 여러 가지가 있겠지만, 뭐니 뭐니 해도 벨라스케스의 〈라스 메니나스〉를 소장하고 있기 때문일 것이다. 우리나라에서 〈시녀들〉이라고 불리는 이 작품은 박민규 작가의 〈죽은 왕녀를 위한 파반느〉 표지 디자인으로도 사용되기도 했다. 나 역시 이 그림을 감상하러 프라도 미술관에 왔는데 전혀 예상치 못한 화가(심지어 프라도 미술관에 있는 줄도 몰랐던 화가), '루벤스'의 작품에 완전히 꽂혀버리고 말았다.

1
벨라스케스
<라스 메니나스>
1956년경

피터 파울 루벤스(1577-1640)는 '어둠과 빛의 회화'로 일컬어지는 '바로크 미술'의 대표적인 화가다. 그의 이름은 초중고 시절 미술 시험을 볼 때마다 답안지에 단골손님처럼 등장했다. 그래서 나는 '루벤스'라는 이름이 꽤 익숙했는데, 열일곱 살 때 서울에서 열린 바로크 미술전에서 그의 실제 작품을 처음 보게 되었다.

결론부터 말하자면 '대실망'이었다. 십 년도 더 된 일이니까 내가 왜 실망했는지는 알 수 없다. 루벤스의 '상대적으로 못 그린' 그림이 한국에 왔거나, 전시에 문제가 있었거나, 현장학습으로 미술관을 방문했기 때문에 제대로 감상을 할 수 없었다거나, 여러 가지 이유를 추측할 뿐이다.

중요한 건 십 년 전의 경험 때문에, 루벤스는 '이름만 거창하고 작품은 별로인' 화가로 각인되었다는 점이다. 그리고 이 생각이 딱히 바뀔 기회도 없이 나는 홀짝홀짝 나이를 먹었고, 바로 오늘, 프라도 미술관에서 루벤스의 그림과 다시 마주하게 된다.

루벤스의 작품은 홀로 빛난다. 루벤스를 편애하는 미술관 관계자가 그의 작품 뒤에만 백라이트를 몰래 설치해주었나 하는 의구심이 든다. 그림 속 인물들의 발그레한 볼을 만지면 살아있는 피부의 생생함이 느껴질 것 같다. 루벤스의 작품을 보기 전에는 그의 작품 주변에 걸린 다른 화가들의 그림도 꽤 잘 그렸다고 생각했다. 그러나 루벤스의 작품을 본 뒤, 그 그림들을 다시 보니 캔버스에 흙연을 덧바른 것처럼 거무튀튀하다. 루벤스의 화사한 색감에서 뿜어져 나오는 생생한 느낌이 전혀 없다.

2

어쩌면 다른 그림들이 루벤스의 작품보다 훨씬 더 옛날에 그려진 그림이라 변색이 일어났을 수도 있다. 모든 작품의 제작 연도를 샅샅이 뒤진다. 같은 시대가 맞다. 그냥 루벤스가 엄청 잘 그린 거다.

책에 지겹도록 실리는 그의 작품이, 왜 책에 실릴 수밖에 없는지를 내 눈으로 제대로 확인하는 순간이다. 루벤스 작가님, 그동안 오해해서 미안해요.

프라도 미술관에는 〈자식을 삼키는 사투르누스〉라는 그림이 있다. 그리스 신화의 신 '크로노스'가 왕의 자리를 빼앗길까 봐 두려운 나머지, 갓 태어난 자신의 자식들을 잡아먹는다는 끔찍한 내용이다(그리스 신화의 신 크로노스와 로마의 신 사투르누스는 동일시된다).

그리스 신화를 좋아하기 때문에 이 그림을 사진으로 본 적이 몇 번 있었다. 그때마다 감탄하면서도 정작 누가 그렸는지는 몰랐는데, 바로 루벤스가 그렸구나!

건넛방에는 스페인 대표 화가, 프란시스코 고야(1746-1828)가 그린 〈무제〉도 있다. 이 그림 또한 〈자식을 삼키는 사투르누스〉와 같은 내용으로, 루벤스 작품으로부터 영감을 받았다고 한다. 사실 같은 이야기를 여러 화가가 그리는 경우는 빈번하다. 하지만 이렇게 유럽을 대표하는 두 대가가 자신만의 방식으로 표현한 작품을 같은 공간에서 동시에 감상하게 되니 느낌이 새롭다.

작품을 인쇄된 종이로 접했을 때는 루벤스의 그림이 고야의 그림보다 더 마음에 들었다. '자식을 먹는 방법'을 보았을 때, 루벤스의 '크로노스'는 자식을 '후루룩' 들이마시고 고야의 '크로노스'는 피를 뿌리며 자식을 뜯어먹는다. '뜯어 먹는' 고야의 방법은 잔혹하지만 어쩐지 자기 아들이 아니라 소고기나 돼지고기를 먹는 느낌이 들기도 했다. 반면 루벤스의 그림에선 피를 연상하게 하는 색이 전혀 없다. 그림의 분위기 역시 밝고 화려하다. 그래서인지 역설적으로 괴로워하는 아이의 표정이 더욱 고통스러워 보인다.

그러나 이 두 작품을 실제로 보았을 땐 생각이 바뀌었다.

실제의 작품은 인쇄된 종이에서 보여주지 못했던 여러 가지를 나에게 말해준다.

고야의 작품에서는 '크로노스'의 괴로움을 알 수 있다. 누구에게도 뺏기고 싶지 않은 왕좌의 자리와 부성애의 경계에서 허덕이는 괴로움. 결국, 자식을 먹을 수밖에 없는 괴로움. 그는 자식을 뜯어 먹으며 이런 선택을 한 자신에게 저주를 퍼붓기도 하고 때로는 스스로를 동정한다.

그러나 루벤스의 '크로노스'에게서는 일말의 괴로움도 느껴지지 않는다. 크로노스는 이 생각만을 하고 있을 뿐이다.

'얘를 빨리 먹고, 다른 자식도 어서 먹어야겠군.'

고통스러움에 울부짖고 있는 아들의 목소리도 크로노스에겐 별반 소용이 없다.

그런 점에서, 잘 그렸다고 생각했던 루벤스의 작품을 보았을 땐 정말 소름이 돋는다. '정말, 굉장히, 잘' 그렸다고 생각한다. 이보다 무심할 수 없는 표정과 고통스러운 표정, 극과 극으로 대비되는 표정을 어떻게 이렇게 표현했을까! 감탄밖에 나오지 않는다.

하지만 이상하게도 나는 고야의 작품이 마음에 와닿는다. 그의 '크로노스'는 때때로 잘못된 선택을 하고, 그 선택이 잘못되었음을 안 뒤에도, 후회하면서도 그 길을 힘겹게 걸어갈 수밖에 없는 우리 인간의 모습을 어쩐지 닮았다.

미술관에 입장한 지 네 시간째, 발바닥이 기분 좋게 아파져 온다.

2
루벤스
<자식을 삼키는 사투르누스>
1636-1640년

3
고야
<무제>
1819-1823년

두근두근 만남이 있는 도시

바르셀로나 BARCELONA

신기하게도 민박집에서
같은 기차 타는 여행자 발견!

아쉽게도 '기차만' 같았다.

잠깐 동안의 동행
원이 군과 함께
마드리드 기차역에
도착했다.

왜 이런 사건(?)이 발생하느냐면…

유럽 기차는 빨리 끊을수록 저렴해지기 때문이다.

성질 급한 원달이는
무려 한 달 반 전에
기차표를 예매함!

선택은 본인의 몫, 누구의 길도 틀린 것은 없다.

기차에 타고 나서야 알았는데, 1등석은 식사도 나옴!

내가 정신 못 차리게 먹는 동안
2등석 원이 군은 쫄쫄 굶었다는
슬픈 전설이…….

바르셀로나 도착!

밝은 대낮이라 민박집 위치를 쉽게 찾았다.

마드리드와 달리 바르셀로나는
성수기와 비수기가 뚜렷하다고 한다
(4월은 파리만 풀풀 날리는 비수기).

그런 고로 바르셀로나에 머무는 내내
3인실 방을 혼자 쓰게 되었다.

왕 친절한 사장 아저씨의 음성 녹음과 함께
바르셀로나 여행이 시작된다!

바르셀로나는
마드리드와는 사뭇 다른 느낌의 스페인이다.

시간의 냄새가 밴 고딕 지구에서
방금 옷매무새를 가다듬은 여인 같은
정갈함이 느껴진다.

어제보다 따뜻한
날씨 덕분에
람블라스 거리를 걷는
사람들의 표정이
여유롭다.

특히 거리의 창문을 볼 때마다 입이 쩍 벌어졌다.

일상의 '흔한 창문'에 익숙한 나는

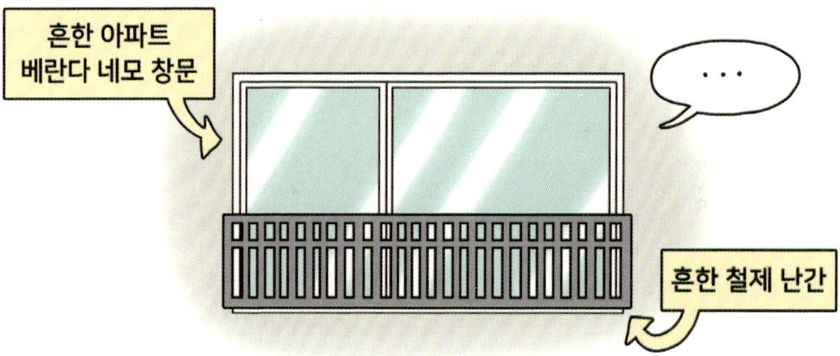

작은 것 하나라도 허투루 만들지 않는
바르셀로나인의 정교함에 관해
감탄을 넘어 경외할 수밖에 없었다.

정교한 건축의 끝판왕은
바르셀로나의 자랑, 가우디이다.

안토니오 가우디

1852년생.
20세기의 레오나르도 다빈치로
불리는 천재 스페인 건축가.
저녁 기도를 하러 가던 중
전차에 치여 74세로 사망.

가우디가 살았던 시대엔
아르누보 예술이 유행했는데

아르누보는 일반적으로
자연에서 영향을 받은
구불구불한 곡선이 특징이다.

알폰스 무하 <Summer> 1896년

그의 건축물도 직선이 없고 구불구불해서
살아있는 생물을 보는 것처럼 생동감이 느껴진다.

그의 작품 중 가장 유명한 건축물은
사그라다 파밀리아 성당이다.

가우디가 사망한 지 100년 가까이 되었음에도
다음 세대로 바통을 넘기며
지금도 꾸준히 건축을 이어가는
바르셀로나인의 우직함에 다시 한번 놀란다.

성당 내부는 더욱 놀랍다.

천장 꼭대기에서
햇빛이 쏟아져 내리자
성당을 떠받치는
대리석 나무들이
환상적인 색으로 빛난다.
천사가 내려오는 길이 있다면
틀림없이 이런 모습이리라.

성당 전망대에 오른다.
창문 아래로 붉은 바르셀로나가
넘실거린다.
붉은 바다.

지나가던 외국인이
찍어주었다.

외국인들은
사진을 드럽게 못 찍는다.

다 잘려나간 비운의 성당.jpg

오늘의 교훈: 사진은 한국인에게 부탁하자!

빠에야 맛집으로
늦은 점심을 먹으러 갔다.

가게 안에는
스페인의 상징 '하몽'이
대롱대롱 매달려있다.

'하몽'은 돼지 뒷다리를 소금에 절인 뒤
건조 및 숙성시킨 스페인 식 생햄이다.

빠에야는 깊지 않은 팬에
쌀, 해산물, 닭고기, 채소 등을 넣은
스페인 식 볶음밥이다.

사프란이라는 향신료로
맛깔스러운 노란색을 만든다.

영화 〈인생은 아름다워〉의 주인공 역을 맡은
'로베르토 베니니'를 꼭 닮은 빠에야 레스토랑 직원이 말을 걸었다.

이렇게 마냥 행복해하고 싶지만,

동양 여자에 관해 잘못된 생각을 하고
접근하는 남자가 꽤 있다.

나 역시 개미와 함께 한
동남아 배낭여행에서
불쾌한 경험을 했었다.

궁금하신 분들은 <소녀가 여행하는 법>으로 고고~!

이분이 어떤 생각인지는
알 수 없지만, 일단은…

외국인에게는 돌려말하지 말고
분명하게 의사 표현해야 한다.

매우 충격받은 표정의 로베르토 베니니는
빠르게 뒷걸음치며 사라졌다.

그 뒤로 빠에야를 다 먹을 때까지
그의 모습은 보이지 않았다.

다시 빠른 속도로 사라지는 로베르토 베니니.

정처 없이
바르셀로나 골목을 헤매는 중.

함께 기차 탔던 원이 군을
우연히 다시 만나다!

여행 중에 문득 찾아오는 우연한 만남은
마치 여행이 주는 특별한 선물 같다.

이튿날,
원이 군과 함께
몬주익 언덕에 갔다.
해발 213m의
몬주익 언덕에 서면
바르셀로나 시내와
바다를 한눈에 볼 수 있다.
와~ 날씨 좋다!
그러게요

나는 이곳에서
여행하는 동안 가장 파란 하늘을 만났다.
어딘지 따스한 느낌의 파랑이다.

몬주익 언덕에서
내려온 후,
원이 군과 하몽 샌드위치를
먹으러 갔다.

부드러운 식빵 대신
바삭바삭한 바게트 사이에
짭조름한 스페인 식 생햄, 하몽이 들어있다.

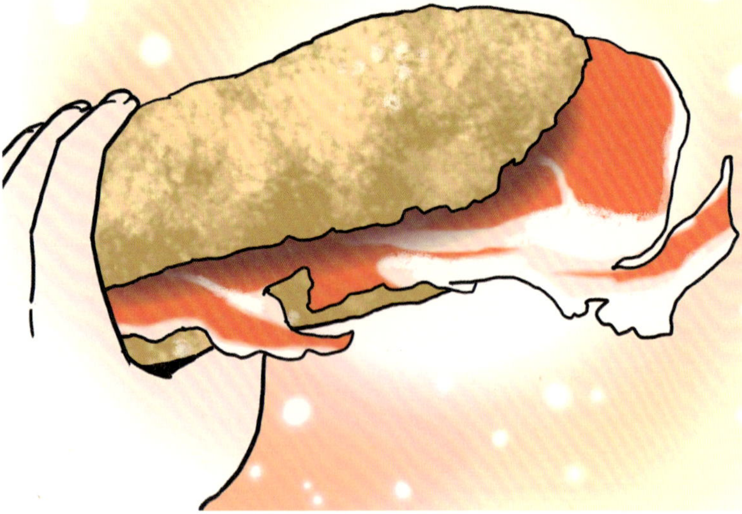

하지만 가게 직원은 영어를 단 한마디도 못했다.

스페인 첫날에는 나 역시 당황했지만

가이드북 뒤에 대부분
부록으로 '스페인 여행회화'가 있는데

이걸 점원에게 보여주면
미.션.완.료!

소매치기당할까 봐 스마트폰 꺼내지 않은 건 안 비밀.

신기하게 파리에서도 머무는 날이 겹쳤다.

Chapter 3

찌릿찌릿 프랑스

외로움이 설렘으로 바뀔 때 <니스, 모나코>

어서 와, 오줌 지린내는 처음이지? <파리, 베르사유>

외로움이 설렘으로 바뀔 때

니스 NICE, 모나코 MONACO

드디어 배낭여행의 필수 코스 프랑스에 왔다!
여기는 남프랑스 해변 도시, '니스'!

니스 근교에는
세상에서 두 번째로 작은 나라 '모나코'가 있는데

니스에 머무는 동안 모나코도 당일치기 여행할 계획이다.

유럽에 온 뒤, 처음으로 '호스텔'에서 숙박하게 된 나는
정체 모를 낯선 외국인들과 부대끼는 게 무섭다.

하지만 마음 한편으론 조금 설레기도.

호스텔 도착.

카운터 벽에는
이황 선생님이 있다.

한국어를 들으니
긴장이 조금 풀린다.

나는 흑인이 위험하다는 편견을 가진 게 결코 아니다.
단지 그녀의 패션에 매-우 놀랐을 뿐!

나를 쭈글쭈글하게 만드는
또 한 명의 룸메이트는

머리가 천장에 닿을 정도로
키가 큰 호주 남자였는데

항상 팬티 같은 것(?) 하나만 달랑 입은 채
온몸의 금빛 갈기(??)를 휘날리며
망사스타킹 소녀와 이야기를 나누곤 한다.

나 혼자 공감 못 하는 문화 속에
내가 억지로 끼워 맞춰져 있다는 생각이 든 순간,

외로움이 찾아왔다.

호스텔 주변엔 해변이 있다.

그러나 꿀꿀한 날씨 때문인지
누드는커녕 바다에 들어간 사람 하나 없다.
오직 한 연인만이
진한 입맞춤을 나누고 있을 뿐.

갑자기
다른 의미(?)로도 외로워졌어!

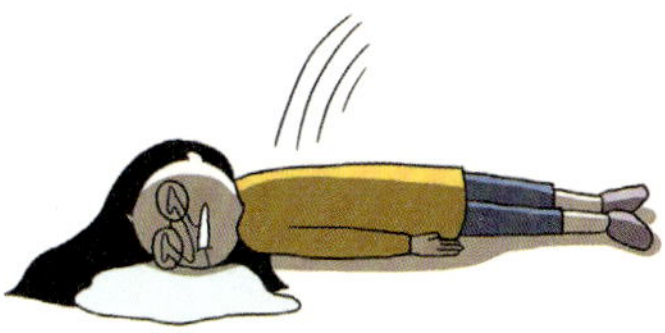

이튿날, 폭우가 쏟아졌다.
젖은 신발을 신고 니스의 언덕에 오른다.
붉은 도시와 비에 젖은 안개의 조화가 멋지다.
외로웠다.

호스텔에 돌아오면
식당 겸 바(Bar)에 앉아 일기를 쓴다.

가끔 한국말이 들린다.

하지만 그들은
영어를 무척 잘해서
외국인들과
금세 친해졌다.

화기애애한 여행자들 틈에서
아무렇지 않은 표정으로 홀로 있는 나는…

사실 이런 심정이다.

나처럼 영어를 못하는 것으로 추정되는
콧수염 남자가 말을 걸어 주었다.

홀로 쓸쓸히 걸었던
마세나 광장을
한국인 동행과 함께
걷는 기분이란!

기분 좋아서였을까, 이런 상상도 했다.

그.러.나!

니스 언덕에 오르니까 전경이 짝 보이더라구요! 콧수염 님은 어디 갔다 왔어요?
저는 빈티지 옷가게에…
아??? 네
꼴깍꼴깍
패션 쥐뿔도 모름
근데 연극영화과라구요? 저 연극 보는 거 되게 좋아하는데!!
저는 연극 잘 몰라요
아;;;
연극영화과라서 패션에 관심이 많은가 봐요!
아, 지금은 다른 일 해서…
대화하려는 눈물겨운 노력!
아 네
꼴깍꼴깍

콧수염 남자와의 대화는
심각하게 재미없었다.

그 역시
같은 생각을
했던 것 같다.

맥주 한 캔을 비우자마자
치타처럼 빠른 속도로 헤어짐.

나름 교훈적인 시간이었다.

빈자리는 새로운 만남으로
채워진다.

망사스타킹 소녀와
팬티 남이 떠난 자리에
새로운 투숙객들이 왔다.

스페인에서 온
예쁜 나탈리아와
잘생긴 하비에르.

둘은 간호사 면접을 보러 온
절친한 친구(하비에르는 남자 간호사)이다.

…라는 정보를 얻기까지 엄청난 노력이 필요했다.
우리 세 명 모두 영어 실력이 형편없기 때문에!

영국 영어도
알아듣기 어려운 나에게
나탈리아의 영어는
산골마을 사투리처럼 들린다.

그래도 많은 스페인인들이
영어를 한마디도 못했던 걸
생각해보면,
의사소통을 할 수라도 있는 게
다행이긴 하다.

문법 따위 없는 짧디짧은 문장으로
힘겹게 대화를 이어나가는 우리.

다음 날!
출발하기로 한 시각이 지나도록
일어날 생각을 않는 하비에르!

하비에르가 바지를 '훌렁' 벗었다.

나탈리아는
전-혀 신경 쓰지않는 표정.

빨간 팬티만 입은 채, 그는 말했다.

유럽의 개방적인 문화에
익숙해지려면
시간이 꽤 걸릴 듯.

스페인 동행을
안내하는 역할이 된 나는
우쭐거리며 모나코로 향한다.

니스에서 모나코로 가는 길은
꼬불꼬불 멀미 지옥의 대명사!

그 사실을 전혀 몰랐던 나는
멀미 패치를 붙이지 않고 버스에 올랐다.

처음 만난 사람들에게
약한 모습(?)을
보이고 싶지 않았기에
최대한 괜찮은 척했지만…

프로 간호사들에게 금세 들켰다.

결국, 모나코 길바닥에 누워
나탈리아 무릎을 베고
응급 간호(?)받는 사태 발생!

나탈리아와 하비에르의 미소가
엄마처럼 따뜻해서
더 누워있고 싶었지만, 참고 일어났다.

하얀 파도가 치는 듯한
하늘 아래에
모나코가 있다.

부유한 모나코는 요트의 천국이다.
수많은 요트가 마치 바둑판의 돌처럼
가지런히 놓여 있다.

바다를 따라 걷다가 모나코 국기를 보았다.
나탈리아가 사진 찍어달라며
깃발을 살짝 흔든다.
그녀의 붉은 머리가
빨간 깃발처럼 바람에 흩날린다.

해양 박물관에 갔다. 모나코에 온 가장 큰 이유이기도 하다..
중생대 화석처럼 보이는 골격이 박물관 천장에서 정지 비행하고 있다.
놀랍게도 고래의 뼈란다.

동물의 골격이 실제 동물의 모습과
전혀 다르다는 걸
해양 박물관에서 처음 알았다.

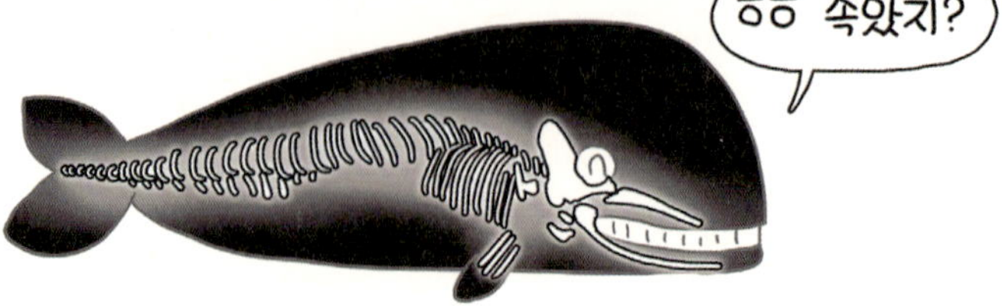

박물관에 가자고 했을 때
고개를 갸웃거렸던
스페인 친구들도

막상 수족관 앞에 서자
물고기를 보며 즐거워한다.

참, 모나코 인포메이션 센터에 요청하면
여권에 도장을 찍어준다.

나 역시 모나코에 도착하면
반드시 찍으려고 했지만

스페인 친구들과 시간 가는 줄 모르고 여행하다가
그만 잊어버렸다.

딱히 아쉽진 않았다.

두 스페인 친구와 조금 더 함께 있고 싶다.
그러나 작별의 시간은 찾아온다.

헤어지기 전, 기념 선물이라도 주고 싶지만
한복 열쇠고리나 선물용 김 같은 건 없는 걸.

하지만 나에겐 두 손이 있어.

스케치북과 그림 도구도.

나탈리아,
하비에르!
너희들 초상화를 그려서
선물하고 싶은데
시간 좀 내줄 수 있니?

오오!!
나의 잘생긴 얼굴을
그려주겠다고?!
우와!

그렇다면 어서
멋진 옷으로 갈아입…
당장 바지 입지 못할까!!
얼굴만 그릴거야!
탱탱

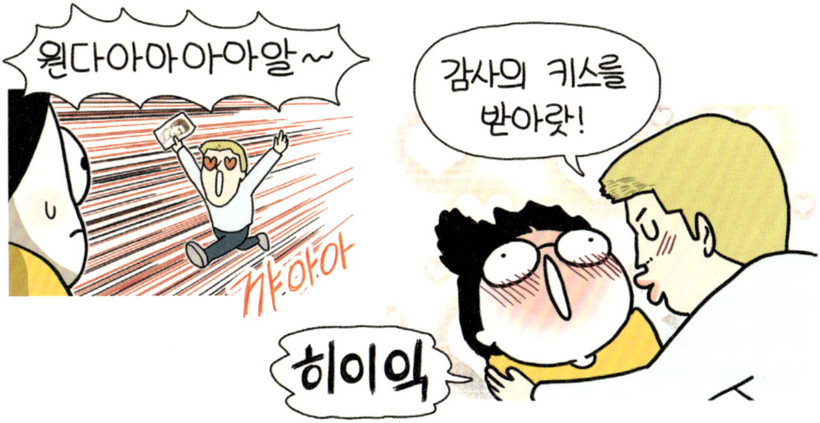

심장 약한 백원달,
잘생긴 연하남과
볼뽀뽀 인사하다!

볼뽀뽀 인사: 비주(Bisou)
남유럽의 보편적인 문화로 선물을 받았을 경우에는 반드시 비주를 한다.

나탈리아 덕분에
그 이후로는 볼뽀뽀 인사에
당황하지 않았다.

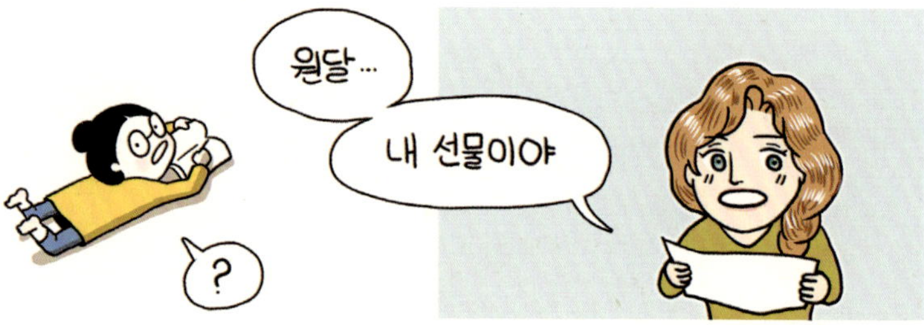

면접 준비하는 틈틈이 쓴 나탈리아의 편지.

말이 잘 통해도
정작 할 말이 없는 경우도 많다.

말이 통하지 않아도
마음으로 다가오는 사람도 있다.

내일 가게 될 파리에서는
어떤 설렘이 기다릴까?

어서 와, 오줌 지린내는 처음이지?

파리 PARIS, 베르사유 VERSAILLES

파리행 기차를 탄 나의 마음은
설렘으로 한껏 부푼다.

파리 리옹 역 도착!

파리 지하철의 흔한 풍경.jpg

파리와의 첫 만남은
시각적으로든 후각(?)적으로든
꽤 충격적이다.

프랑스에서 향수가 발달한 이유는
과거에 거리에서 악취가 진동했기 때문이라고.

파리는 나의 상상과 달라도 너무 많이 달랐다.

날씨가 쌀쌀해서인지
그 유명한 센강의 풍경도 쓸쓸해보인다.

가이드북에서 읽었던 '사인 사기단'이다.

어리숙해 보이는 여행자들에게 갑자기 사인을 하라고 한 뒤
돈을 요구하는 사기꾼들이다.

다행히 그는
순순히 자리를 떠났다.

여행 첫날부터 사기꾼을 만나자,
떨쳐냈던 외로움이 다시 찾아왔다.

여행에서 알게 된 어떤 분은
파리 지하철에서 전화하다가
핸드폰을 소매치기당하기도 했다.

난 실감했다.

여행자들의 천국이자,
오줌 지린내 가득한 위험한 도시,
파리에 도착했다는 걸!

몽마르트 언덕에는
'팔찌 사기단'이 도사리고있는데
여행자 팔을 강제로 낚아채서
팔찌를 채우고 돈을 뜯어낸다.

절대 혼자 가지 말라고 주의를 주는 곳이지만,
나는 혼자 왔다.

하늘이 화창해서 팔찌 사기단도
본업을 하지 않은 채(?) 일광욕을 즐기고 있다.

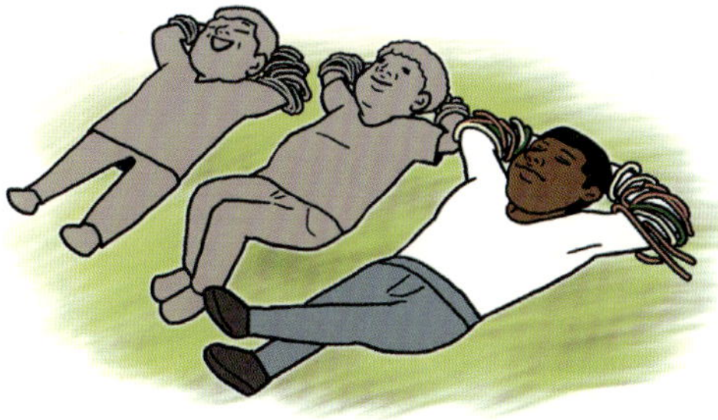

다행히 다시
벌렁 누워버린다.

팔을 겨드랑이에 끼운 채
몽마르트 언덕 감상 중.

어디선가 아코디언 연주가 들려온다.

꽃에 둘러싸인 한 여인이
예쁜 얼굴만큼이나 예쁜 아코디언으로
경쾌한 음악을 연주한다.

그녀의 음악 덕분인지
더는 몽마르트를 두려워하지 않고 즐겁게 여행할 수 있었다.

다음 날

원이 군과 재회하다!

마드리드와 바르셀로나에서 함께한 인연을
이렇게 파리에서 또다시 만나다니!

함께 오르세 미술관에 갔다.

오르세 미술관

-루브르 박물관,
퐁피두 센터와 더불어
파리의 대표 미술관으로
19세기 이후의
근대 미술이 전시됨.

순수회화 전공인 나는
원이 군에게 작품 이야기를 들려준다.

원달 씨가 부러워요
?
나는 미술의 역사도, 뭐가 중요한 작품인지도 전혀 몰라요.
작품의 의미를 알아야 감동받을 텐데…
절레
절레
엥? 의미를 알아야 감동받을 수 있다니!
감동은 그런 게 아닌데!
원이 군, 이건 제 지인에게 들은 이야기인데요

'반 고흐 미술관'에 전시된 작품 중에 〈신발〉이 있어요.

반 고흐, <신발>
1886년

하루는 어떤 노부인이
〈신발〉을 바라보시다가

눈물을 흘리시더래요.

그래서 왜 우시느냐고 물었더니

-라고 말씀하시더래요.

저는 큐레이터의 전문적이고 딱딱한 설명보다

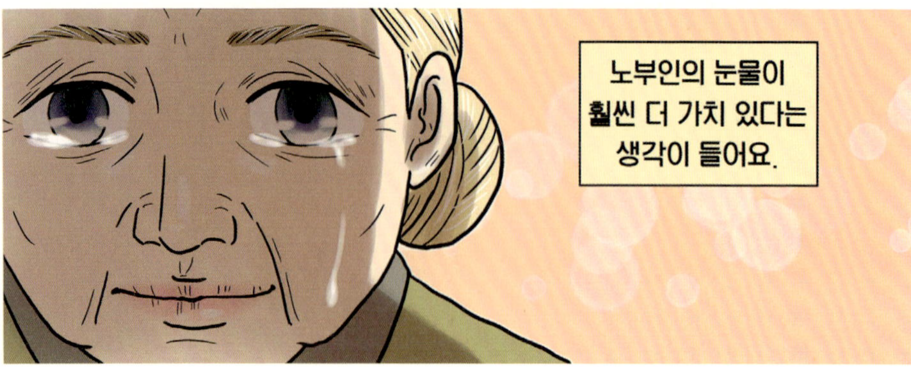

순간, 가슴이 찌릿했다.

뭘 해서 먹고 살아야 할지
답이 안 나오는 채로
유럽으로 도망친 백수, 원달이는
나의 중요한 성향을 깨달았다.

이 작은 사건이
훗날 '만화가'라는 길을 선택하는데
큰 계기가 되었는지도.

오르세 미술관에서 나온 후,
프랑스 대표 음식인
에스카르고(달팽이)를
먹으러 갔다.
여섯 개의 홈이 파진 접시에
여섯 마리의 달팽이가 나온다.

오일에 절인
골뱅이의 맛!
냠냠
?
원달 씨…
달팽이 한 마리가 안 나와요
5마리만 먹어야 할 듯요
안돼요! 비싼 거라구요!!
한 마리에 2,000원꼴인데!

사실은 머리에 맨날 꽂아서
머릿기름(+비듬) 가득 묻은 건데…
가끔은 선의의 거짓말도
필요한 법이지!

원이 군은 파리를 떠나고

나는 새로운 동행, B 군과
베르사유를 방문했다.

B 군은 니스를 여행하다 알게 된 사이인데,
베르사유를 함께 여행하게 되다니
유럽여행이란 역시 신기하다.

베르사유 궁전은
〈베르사유의 장미〉의 배경이 되는 바로 그 장소다.

화려한 천장벽화와 샹들리에,
황금색 장식과 전 세계의 관광객이
거대한 궁전을 퍼즐처럼 꽉 채우고 있다.

궁전에서 나와
정원에서 한숨 돌렸다.

한 번 둘러보기만 해도
며칠은 걸릴 것 같은
거대한 정원이었는데,

정원사의 손이 안 간 곳 하나 없이,
마치 어제 완공된 정원처럼 아름다웠다.

가장 인기 있는 장소는
마리 앙투아네트가 직접 농사도 지었다는 '왕비의 촌락'이다.

댓글이 달리긴 달렸는데…

소매치기만 신경 쓴 나머지,
여행 내내 후줄근 of the 후줄근한 옷만 입었던
나란 뇨자…….

오늘의 교훈:
예쁜 사진을 찍고 싶으면
예쁜 옷을 입자!

개선문으로
야경 보러 가는 중.

원이 군과 헤어지기 전, 나는 그에게
파리를 좋아하게 되었느냐고 물었다.

나도 파리를 사랑하게 되었을까?

사람들이 내 쪽을 향해 소란을 피운다.

처음에는 프랑스인들이
나에게 야유라도 하는 줄 알았다.

하지만 그게 아니었다.

사랑스러운 예비부부가
내 바로 앞에서 웨딩 사진을 찍고 있다.
그 뒤는 개선문이다.

차들이 빵빵 경적을 울리며
행복한 미래를 축하한다.
잠시 창을 내린 뒤, 소리 지르며 환호하기도 한다.

지켜보던 여행객 한 명이 사진을 요청하자
예비부부와 사진사 모두 포즈를 취해준다.

언젠가 웨딩 스튜디오에서
아르바이트할 때가 떠오른다.

스튜디오의 좁은 공간에 끼인 채로
정신없이 촬영해야만 하는
우리나라와 달리

파리에서는 거리 한복판에서도
웨딩 사진을 찍을 수 있구나.

파리는 아름답기 때문이다.

여행을 꿈꾸는 사람이라면
그 누구나 가고 싶어 하는
아름다운 에펠탑은
파리의 어느 곳에서나 만날 수 있다.

세상에서 가장 유명한 조각가, 로댕의 작품은
밀폐된 미술관 뿐만 아니라
지하철에도 전시되어 있다.

파리 사람들은 일상 속에서
세계적인 작품과 건축물을 만난다.
이것은 오줌 지린내를 뛰어넘는 충격이었다.

개선문 전망대에 올라 파리의 야경을 보며 생각한다.

숙소로 돌아가는 길.

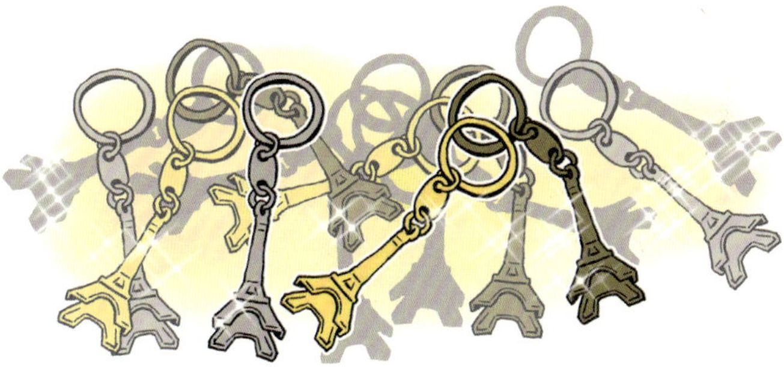

명백한 바가지!

협상 완료!

두 손을 겨드랑이에
끼고 다니던 내가…

한밤중에 흑인과
가격 협상(?)까지 하다니!

유지엄 다이어리 ★ Museum diary

루브르 박물관, <모나리자>에게 여유를!

1
흐린 날의 루브르 박물관. 유리 피라미드가 인상적이다.

2
관람객이 거의 없는 3층 전시실.

3
도미니크 앵그르
<발팽송의 목욕하는 여인>
1808년

여행한 지도 한 달이 되어간다. 요즘은 살짝 걷기만 해도 발뒤꿈치가 아프다. 절뚝절뚝 걸으며 프랑스 대표 뮤지엄, 루브르 박물관으로 간다. 어차피 오늘은 박물관에만 있을 생각이니 쉬면서 여유롭게 작품을 감상하고 싶다. 루브르 박물관을 대표하는 작품, 〈모나리자〉는 1층에 전시되어 있으므로 다른 층은 1층보다는 여유롭겠지. 가장 높은 3층부터 갔다.

예상은 완전히 빗나갔다. 여유로운 게 아니라 관람객이 거의 없다. 뭐, 하루 동안 루브르를 방문하는 15,000여 명의 사람 중 상당수가 1층만 보고 떠난다. 그들이 3층으로 올라오지 않기 때문에 편하게 그림을 감상할 수 있으면서도 가슴 한 부분이 왠지 싸하다.

전시실 군데군데 의자가 놓여 있다. 의자에 앉자 갑자기 피곤함이 밀려온다. 여

2

러모로 3층은 휴식을 취하기에 최적의 조건이다. 사람도 없거니와 의자도 푹신하고, 무엇보다도 의자 앞에는 항상 유명한 그림(〈모나리자〉만큼 유명하진 않지만)이 걸려 있다. 이게 바로 임도 보고 뽕도 따고 휴식도 취하고 그림도 보는, 일거양득 아니겠어? 누구에게도 양보할 필요가 없는 텅 빈 의자에 앉아서 주위의 그림을 감상하다가, 메뚜기처럼 다른 의자로 폴짝 뛰어갔다. 새로운 의자 주위에는 새로운 작품 세계가 펼쳐져 있다.

어느 의자 앞에는 도미니크 앵그르가 그린 〈발팽송의 목욕하는 여인〉이 걸려 있다. 앵그르(1780-1867)는 프랑스의 신고전주의 회화를 이끌었던 사람이다. 〈발팽송의 목욕하는 여인〉은 목욕하려 하는 여인의 모습, 그것도 앞모습도 아니고 뒷모습이 두루뭉술하게 그려져 있을 뿐인데, 이 작품에서 쉽게 눈을 뗄 수 없다.

3

4

5

4
레오나르도 다 빈치
<모나리자>
15세기경

5
<모나리자>가 있는 전시실은 그야말로 콘서트장을 연상케 한다.

은은한 빛이 부끄러이 등을 돌린 여인의 몸을 비춘다. 여인의 목선, 어깨, 허리, 그리고 엉덩이를 따라가다가 마지막으로 발가락 끝에 어두운 빛 한 줌을 남겨둔다. 여자인 내가 봐도 침이 꼴딱꼴딱 넘어가는 그림.

이게 바로 앵그르의 특기다. 그의 누드화는 에로틱하다. 하지만 머리를 풀어헤치고 야한 포즈를 취하는 '대놓고 야한' 그림과는 거리가 있다. 그의 작품에서 에로틱이란 인체를 너무나 아름답게 표현한 나머지 자동으로 얻게 된 결과 중의 하나일 뿐, 에로틱이 그림의 목적인 작품은 아니다.

앵그르는 인체를 아름답게 표현하기 위해서 그림 안에서 새로운 인체를 창조했다. 언뜻 보기에 그의 그림 속 여인은 보통 인간과 다를 바 없어 보이지만, 자세히 뜯어보면 목도 왼쪽으로 쏠려 있고 다리의 형태도 애매하게 이상하다. 하지만 아름다움이란 부분이 아닌 전체의 모습으로 결정되는 것. 여인에게는 해부학적인 골격을 능가하는 아름다움이 존재한다.

해부학에 통달한 화가가 아름다움을 위해 골격을 포기한 그림을 그렸다는 것, 그 당시에는 따가운 시선을 받았지만, 지금은 현대인들의 사랑을 받고 있다. 그러니 이 작품 앞에 얼마 없는 의자가 놓여있는 것 아닌가.

아름다운 신인류를 보며 긴 휴식을 취한다.

1층으로 내려간다. 미술관이 조용해야 한다는 규칙은 루브르 박물관에서만큼은 예외다. 만 명이 넘는 사람들의 발소리만으로도 이미 박물관은 시장 바닥과 마찬가지다.

그중 레오나르도 다 빈치(1452-1519)의 〈모나리자〉가 있는 전시실은 그야말로 콘서트장을 연상케 한다. 사람들이 작품 주위를 부채꼴 모양으로 겹겹이 둘러싼다. 한 손은 카메라를 높이 쳐들고 다른 한 손은 앞에 있는 사람들 틈을 파고든다. 앞사람은 더 앞에 있는 사람들 사이를 파고든다. 더 앞에 있는 사람은 맨 앞으로 가기 위해 사람들을 뚫는다. 맨 앞에 있는 사람들은 〈모나리자〉를 배경으로 셀카를 찍기 바쁘다. 아마 누가 보면 미술관에 어벤저스 멤버들이라도 깜짝 등장한 줄 알겠다.

나도 가까이에서 〈모나리자〉를 보고 싶었지만, 엉킨 그물처럼 얽히고설킨 사람들을 보니 덜컥 겁이 났다. 에라, 모르겠다. 부채꼴의 틈새로 무작정 얼굴을 들이밀었다.

쏴아아, 인간 파도가 나를 잡아먹는다. 나를 밀어내려는 사람과 밀리지 않으려는 사람이 파도처럼 찰싹찰싹 부딪힌다. 언뜻언뜻 보이는 〈모나리자〉의 방향으로 힘겹게 한 걸음 한걸음 내디뎠다. 머리가 산발 빗자루가 됐을 때쯤, 기다리고 기다리던 작품 앞에 도착했다. 감동했느냐고? 흠, 글쎄.

〈모나리자〉는 세상에서 가장 강한 유리 벽 안에 갇혀있다. 1911년에 일어난 〈모나리자〉 도난 사건 때문에 그렇긴 하지만, 작품이 일단 유리 안에 있으면 감동은 확실히 줄어든다. 유리가 빛을 반사하기 때문에 작품이 제대로 보이지 않는다. 게다가 그림을 가둔 유리는 두꺼울 뿐만 아니라 녹색까지 띠고 있다. 내 눈은 순수한 〈모나리자〉를 받아들이는 것이 아니라 어두운 녹색이 섞인 그녀를 받아들인다. 유리에 갇힌 그녀는 그을음이 묻은 듯 시커멓다.

또한, 이 공간에서는 그림을 감상할만한 여유가 전혀 없다. 밀고 들어오는 사람, 밀려나는 사람, 사진 찍어주는 사람, 포즈를 잡는 사람, 셀카 찍는 사람, 수다 떠는 사람들이 서로의 감상을 방해하고 있다. 특히 이 방에는 〈모나리자〉 말고도 다른 그림들도 제법 걸려있었는데 〈모나리자〉 때문에 그 그림들도 제대로 감상하기 어렵다.

루브르 박물관까지 왔는데도 정작 모나리자의 미소는 인터넷으로 감상해야 하는 아이러니한 현실이다.

Chapter 4

칙칙폭폭 스위스

알프스 정상에 오르다 <인터라켄, 융프라우>

멀미해도 패러글라이딩! <루체른, 추크>

알프스 정상에 오르다

인터라켄 INTERLAKEN, 융프라우 JUNGFRAU

기차 타고
스위스 인터라켄으로 가는 중.

근심 가득한 얼굴의 중년 부부.

알고 보니 중년 부부는
패키지여행 중이었는데,
두 분만 다른 칸에
배정되었던 것!

부부와 이야기를
나누게 되었다.

그렇게 중년 부부는
과자 한 무더기(+5유로)를 선물하고 떠났다.

그리고
이 모든 상황을 지켜본
맞은편 스위스 할머니!

-라고 유창하게 설명하고 싶지만,
영맹인 나에게 그것은 무리!

한국의 '정' 문화를 외국인에게
설명하기란 넘나 어려운 것…….

이윽고 스위스 인터라켄에 도착했다.

호스텔에 들어가자마자,
직원이 한글로 된 안내문을 주었다.

스위스 산골짜기 호스텔을 점령한 까만 머리칼들

스위스의 작은 시골 마을에
한국인이 몰리는 이유는

'유럽의 지붕'
융프라우요흐행 기차를
인터라켄에서 탈 수 있기 때문이다.

왁자지껄한 한국인들 사이에 나 홀로 있는 것은
외국인들 틈에 있는 것보다 훨씬 더 외로웠다.

일단
말이라도 해보자!

다음 날,
해이 양과 함께
융프라우요흐로 출발!

알프스의 풍경은 고도에 따라 극적으로 달라진다.

보석처럼 반짝이는 집들이
기찻길 주위에 흩뿌려져 있다가

어느 순간 설원이 된다.

누군가 계절을 바꾸는 마법을 부린 것 같다.
어안이 벙벙하다.

마지막 기차는
알프스산맥의 터널로
들어간다.

창밖으로는 아무것도
보이지 않는다.

드르륵, 드르륵
톱니바퀴가 맞물리는
기차의 힘겨운 발자국 소리만이
들릴 뿐.

융프라우요흐 정상까지 오르는
해발 4,158미터의 얼어붙은 길을
100년 전의 스위스인들이
두 손으로 만들었다.

이윽고 융프라우요흐에 도착했다.

그런데!

!?

해이 양 입술이
검푸른 색이에요!
피멍 든 것처럼...
정말요?!
어머, 원달 씨도 그래요!
퍼러렁
헉!

고산병이 시작되다!

고산병은 해발 2,000~3,000미터 이상의 고지대에 올랐을 때
산소가 희박해서 나타나는 신체의 급성 반응인데,

-라고 생각한 나에게도 결국, 고산병이 찾아왔다.

고산병은 두통, 구토, 호흡 장애 등
사람마다 증상이 다른데,
해이 양과 나 역시 아픈 곳이 달랐다.

융프라우요흐에서는
'씬라면'을 파는데
우리는 쿠폰이 있어서 무료였다.

그러나 스위스 컵라면은 비싸도 너무 비쌌다.

값비싼 국물까지
후루룩 다 비운 뒤,

110미터를 25초에 가는
엘리베이터를 타고
스핑크스 전망대로 올라갔다.

3,571미터 높이의 전망대에
스위스 국기가 펄럭이고 있다.

휘이잉
고지가 코앞이다!

알프스 눈보라를 뚫고
인증샷 찍으러 가는 길은 매우 험난했다.

앗 따거!
추워!
아파!

뾰족한 얼음 바늘이
뺨따귀를 인정사정없이
후려갈기는 느낌이다!
이것이 바로
알프스 정상에서 맛보는
눈보라의 위력인가!
찰싹
찰싹
야 이 자식아
이 몸이 누군지 알아?
알프스 눈보라 귀신이라고
들어는 봤냐ㅋ
찰칵
빨리 사진!!
저도!!
찰칵
얼어 죽을 것 같아도
만년설 맛은 좀 봐야지
냠냠

어서 들어가욧!
손발
떨어져 나가겠다!
후다다닥

눈보라 속에서의 10분은
마치 10시간 같다.

창밖으로는 여전히
눈이 휘몰아친다.

내가 남긴 발자국에
만년설이 쌓인다.

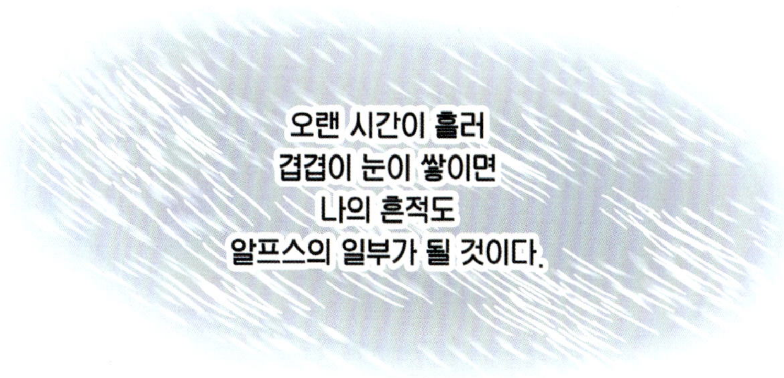
오랜 시간이 흘러
겹겹이 눈이 쌓이면
나의 흔적도
알프스의 일부가 될 것이다.

다시 돌아온 호스텔.

융프라우요흐 가니까
고산병 어쩌구~
씬라면이 어쩌구~
허허
하하

오늘 융프라우요흐 날씨가 끝내줘서
인생샷 많이 건지셨겠네요?
난 많이 찍었는데
엥?

날씨가 끝내줬다니요?
춥고! 눈보라 때문에 눈도 못 뜨겠고!
날씨 때문에 고생이란 고생은 다 했는데!
저기, 진정들 하시고
제 사진 볼래요?

진짜잖아?!
끼얏호!
날씨 왕맑음

융프라우요흐는 30분마다 날씨가 확 바뀌어요
좀만 기다렸으면 맑았을 텐데...
몰랐음

뭐, 알프스 눈보라에 뺨 맞은 경험이 기억에 더 남지 않을까요?
확실히 그럴 것 같네요
얼얼~
얼얼~

알프스에서의 추억을 간직한 채
루체른으로 출발!
칙칙 폭폭

멀미해도 패러글라이딩!

루체른 LUZERN, 추크 ZUG

루체른으로 가는 오늘은 나의 생일.

생일을 나 홀로 보내서 외롭지 않느냐고요?
전-혀!

난 소중하니까 후후후~
내 생일을 자축하기 위한 특별한 선물을 준비했기 때문이죠~

'골든패스'라는 기차를 타고 아름다운 스위스 풍경을 감상한 뒤에,
꺄아♥
신나는 패러글라이딩을 할 예정이라구요~! 자, 최고의 선물이죠?
둥~ 둥~

멋진 풍경을 보려면
자리 선택을 잘 해야 한다는데!

관심법이라도 쓴 것처럼
내 속마음을 읽은 낯선 스위스 영감님!

의심 반, 걱정 반으로
영감님 옆자리에 앉았다.
기차가 출발한 지
오래지 않아
창밖이 탁 트이더니
원색의 풍경이 펼쳐진다.
스위스에서 가장 아름다운
기차 구간이라고 불리는 곳이다.

집 하나하나가 마치
보석이 떨어져 있는 것 같아!
어쩜 저렇게 예쁠까!
반짝 반짝
반짝 반짝

배낭여행할 때, 외국인이 맛있는 거 준다고 막 받아먹으면
위험한 일이 생길 수 있으므로 주의해 주세요.

쌉싸름한 술과 달콤한 초콜릿이
혀끝에서 오묘한 맛으로 섞인다.

이때까지만 해도
자축 생파 계획이
술술 풀릴 줄 알았지만

인생이란 그렇게
호락호락하지 않지.

예약센터 직원이 말하길,
4월은 바람이
세게 부는 날이 많아서
패러글라이딩할 수 있는 날이
별로 없단다.

설상가상으로 길까지 잃어서
20분이면 도착할 호스텔을
한 시간 넘게 헤맸다.

나 오늘 생일인데
이게 뭔 꼬라지인고~
패러글라이딩도 못 하고
길도 잃어버리고…
헉
헉
헉
헉
헉
헉
헉
헉
헉
헉
헉
집에
가고 싶어
헉
헉
헉
헉

힘들어 죽기 직전
극적으로 호스텔 도착!

휴…
살았드아

인터라켄처럼
루체른도 온통 한국인들!

같은 방 사람들과
간단히 맥주를 마셨다.

거기에 굉장히 예쁜 여자분이 있었는데

나랑 동갑!

처음 만난 사람이 동갑이면
생일이 언제냐는 질문을 꼭 하던데…

생일이 바로 오늘이라는 걸 알리고 싶지 않다.

슬픈 예감은 틀리지 않는다.

그날 밤,
나는 잠을 이룰 수 없었다.

미녀 한국인이
탱크가 돌진하는 것처럼
심각하게 코를 골았기 때문!

이렇게 내 생일은 끝났다.

다음 날, 패러글라이딩 전화하러
기차역까지 갔지만

또 퇴짜맞았다.

허탈한 마음으로 호숫가에 앉았다.

내 마음을 아는지 모르는지, 루체른호의 빛깔은
보석 가루를 뿌린 것처럼 선명하게 반짝일 뿐이다.

우리나라 공원의 비둘기 떼만큼이나 많은
백조의 무리가 루체른호에서 유유히 헤엄친다.

파란 하늘, 파란 호수와
하얗고 우아한 새들의 하모니가
동화에 나오는 한 장면 같았다.

많은 사람들 앞에서 코끼리(?!)를 드러낸 채
시-원하게 노상 방뇨하는 사나이들 발견!

스위스 화장실 이용료는
상당히 비싸서
어떤 남자들은 루체른 호수를
무료 변기(?)로
취급하는 모양이다.

싸든 말든

아무 관심이 없다

역시 유럽 문화는 적응이 안 된다.

루체른에서의 마지막 날,
고민에 빠진 원달이.

귀찮다고 전화하러 안 갔으면 기회를 놓쳤을 뻔!

패러글라이딩 직원이
다시 바람이 불기 전에
빨리 '추크' 역으로 가라고 해서
급하게 기차를 타긴 했는데…

하지만 기차 화장실에서는
누가 계속 토하고 있고

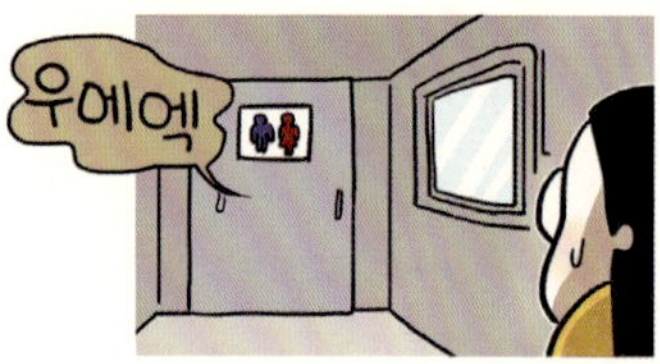

추크 역 화장실은
때마침 공사 중!

나의 패러글라이딩을 도와줄
'피터' 할아버지가 기차역으로 마중 나왔다.

그렇게 말씀하시길래
삐까번쩍한 럭셔리 화장실로
데려갈 줄 알았는데,
할아버지는 그저 묵묵히
동산을 오를 뿐이다.

웬달 씨 인사해요!
오늘 우리와 함께 패러글라이딩 체험할 일행이에요
Nice to meet you!
패러글라이딩 안전요원
자동차 여행 중인 불가리아 부부

모두들 너무너무 반가워요… 너무너무 반가운데…
도대체 그 '베스트 화장실'엔 언제 도착하는 거예요!
방광 터지기 일보 직전이라고요!
벌써 도착했죠~

이곳이 바로
'베스트 오브 베스트'
화장실!
두
둥
끝내주는
전망!
볼일 보는 순간
토양의 양분이 되는
친환경주의!

이건
말도
안 돼

내가 무슨
침팬지도 아니고!!
벌건 대낮에!!
언덕 한복판에서!!
부끄러우면 저 돌덩이
뒤에서 싸든가~
못해!
절대 못 해!
Hi~
싫으면 바지에 싸든가

문득, 류시화 작가님의 인도 여행기,
《하늘 호수로 떠난 여행》 중에
나뭇가지로 엉덩이를 가리고
응아한 에피소드가 떠오른다.

그때 불가리아 여자가 다가왔다.

불가리아 여자는 그저
쉬가 마려웠을 뿐.

남편은 카메라 셔터를
쉴 틈 없이 눌러댄다.

피터는 패러글라이딩 장비를
양탄자처럼 평평하게 깔았다.

패러글라이딩 복
덧입는 중
내가 자기
옷입는 거
도와줄게
여ㄱ

흐읍!

원달 씨,
지퍼 올리는 것 좀
도와줘요~
부끄럽고만
허허~
뱃살에서
딱 걸려부렀으
헐

끄윽
낑낑
좀 더!
좀 더
모아봐!
낑낑
낑낑
이 할아버지 불안해
화장실도 그렇고 지퍼도 혼자 못올리셔

겨우 준비 완료!

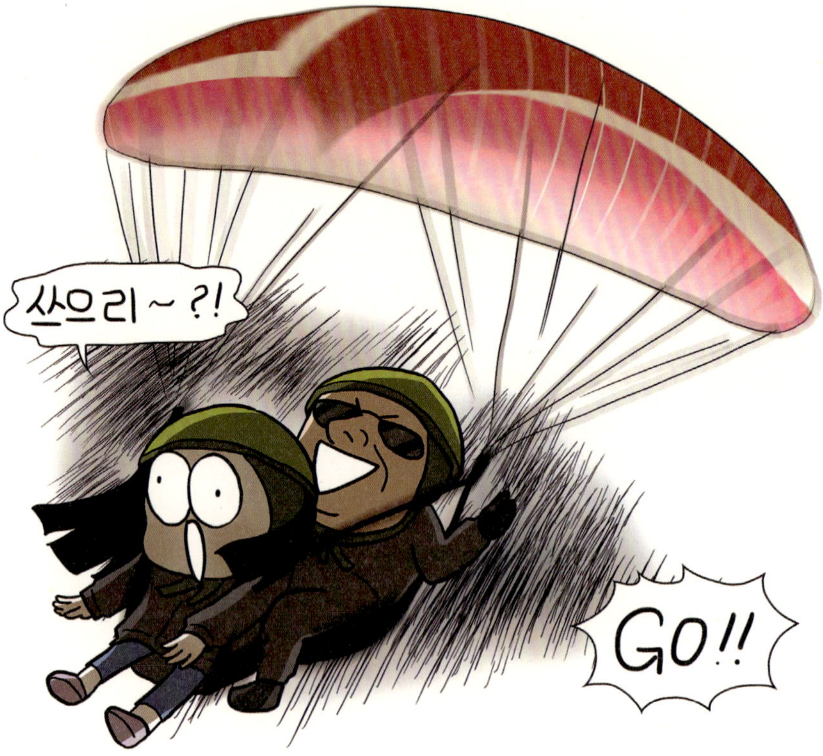

touch and go...
paragliding.ch
바람이 내 등을
낚아채는 느낌이 들었다.
정신을 가다듬었을 땐,
나와 피터가 하늘을
둥둥 떠다니고 있었다.

하늘은 바다처럼 파랗고
바람은 물살 같다.
발아래 잔디와 나무들이
산호초처럼 넘실거린다.
거대한 고래에 매달려
바다 구경 하는 기분이다.

그러나 멀미가 시작된다.

핑핑 돈다
돌아…
휙
홱

원달 씨~
우리 공중에서
신~나게 트위스트
어때요?
절대
싫어요!
그럼 간닷!

꺄아
아아
토할것 같아아
아아아아

다행히 공중에서 오바이트하는
대참사는 발생하지 않았지만
착지하자마자 대자로 뻗어버리고 말았다.

Chapter 5

반짝반짝 이탈리아

햇살이 사랑하는 나라 <밀라노>

유유자적 곤돌라를 타고 <베네치아>

혼자라서 더 좋은 <피렌체, 피사>

카우치 서핑으로 만난 인연 <로마, 바티칸>

두 시간 째,
이탈리아 밀라노행 기차가 오지 않고 있다.

유럽 기차는 '연착'으로 유명하다.

깨달았다.

이곳에서 시계가 필요한 사람은
오직 나뿐이란 것을.

분 단위, 때때로 초 단위로
빡빡하게 살아가는 도시에 있다가

자유로운 배낭여행의 시간에 적응하기란 쉽지 않다.

2시간이 훌쩍 지나 도착한 기차에 몸을 실으며
나는 생각한다.

돌이켜보면
여행 첫날에는
밤을 꼴딱 새울 정도로
바들바들 떨었구나.

이런 생각을 하는 것 자체가
마음의 여유를 알아가고 있다는 의미겠지.

드디어 이탈리아의 첫 번째 도시,
밀라노에 도착했다.

'패션의 도시'라는 명성에 걸맞게 사람들 옷차림이 개성 있다.

하지만 밀라노뿐만 아니라
유럽 자체가 개성 넘치는 패션의 대륙이다.

유럽에서 자주 보이는
풍성한 라면 머리는
내가 꼭 해보고 싶은
스타일이기도 하다.

유럽의 패션은 나이를 가리지 않는다.

한국이라면 어땠을까.

나이가 젊다면 괜찮을까?

이럴 때는
유럽이라는 곳이
좀 부럽기도 하다.

밀라노를 거닌다.

누군가 붓에 햇살을 묻혀서
밀라노의 벽돌 하나하나에
몰래몰래 발라놓은 것 같다.

너른 광장이 나타났다.
'두오모(대성당)'가 보였다.

뾰족뾰족한 첨탑이
고슴도치의 등처럼
수없이 솟아있는
밀라노 두오모는
세계에서 가장 큰
고딕 성당이다.

5월의 햇살이
성당의 표면에 스며든 듯,
분홍빛이 감도는 대리석이
영롱하게 반짝거린다.

두오모 전망대에 오른다.
성당의 화사한 외벽과 달리
첨탑들은 흑연이 묻은 것처럼 거무튀튀하다.
사람마다 다르겠지만, 나는 이 색감도 좋다.

성당 안으로 들어왔다. 어두운 창틀 사이로 신비로운 빛이 쏟아져 내린다.
스테인드글라스다.
밀라노 두오모는 첨탑뿐만 아니라 스테인드글라스로도 유명하다는 말을 들었다.
정말로 내가 본 것 중에 가장 정교하고 컬러풀한 유리 벽이다.

두오모 앞에 앉아
해가 지기를 기다린다.

어둠이 드리우면
성당 안에 불이 켜지고

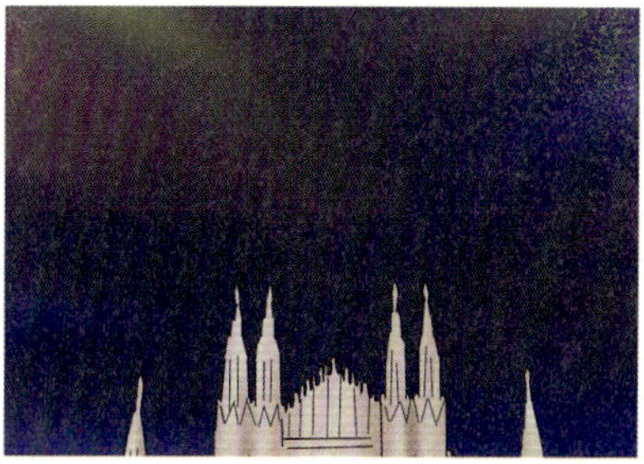

영롱한 스테인드글라스가
야경과 함께 빛나는 모습을 감상할 수 있다.

반짝~
반짝~
반짝~
우와앙~ 성당에
오색빛깔 보석이 박혀있는 것 같아!

덩치 큰 외국인이 말을 걸었다.

유럽여행 하는 동안
따뜻하고 친절한 외국인들을 많이 만났기 때문에

마냥 이렇게만 생각했는데…

동양 여자를 쉽게 보고 들이대는 남자들이 있다.

그래도 바르셀로나 음식점 직원은
매너있었지만

지금은 뭔가
들이댐의 수위(?)가
다르다.

영어 실력 쥐뿔도 없는 나.

그러나 알아듣진 못하는데도
해석은 전부 되는 것 같은 야릇한 이 기분!

이런 사람을 만나면
확실히 거절해야 하지만,

야밤에 그랬다가
해코지라도 당할까
무섭다.

결국, 밀라노 역으로 줄행랑치다!

다행히 계단 아래로 내려오지는 않았지만,
그는 손을 흔들며 중얼댄다.

보이지 않을 때까지 계속…….

맛있는 음식과 따뜻한 정이 가득한
한인 민박에 돌아오니
진짜로 살 것 같다.

스위스 호스텔에선 식사가 나오지 않았는데,
지구 최고 물가를 자랑하는 나라답게
음식도 너무 비싸서
끼니를 제대로 챙겨 먹은 적이 없었다.

놀랐던 일도 훌훌 털고
즐겁게 이탈리아 여행해야지!

유유자적 곤돌라를 타고

베네치아 VENEZIA

《아쿠아》를 시작으로
미친 듯이 만화에 빠진 '고3' 원달이!
결국 수능 폭망!

하지만 베네치아에 가고 있는 지금은
이런 생각이 든다.

베네치아는 사람이 직접 만든 118개의 섬으로,
약 400개의 다리로 이어져 있다.

인공섬의 역사는 무려
1,400년 전부터 시작된다.

곤돌라가 내 옆을 흘러간다.

처음 보는 풍경인데도
어린 날, 얼마나 만화를 되새김질했는지
이곳에 오래 머문 사람처럼 익숙한 느낌이 든다.

베네치아에서 가장 유명한 것 중 하나가 가면이라
눈을 한 번 돌릴 때마다 수백 개의 가지각색 얼굴을 만날 수 있다.

그들은
화려한 얼굴과 대비되는
공허한 눈동자로
낯선 방문자들을
말없이 응시한다.
Photo with
costume
50,00 euro
...

관광 도시 베네치아에는 사람도 많다.

낯선 이에게 섣불리 핸드폰을 빌려주다가
혹시라도 도난당할까 걱정된 사람들은
나에게서 후다닥 도망갔다.

?!!
한껏 늘어지게 쉬고 있는
기념품 가게 사장님 발견!
오늘은 기분이 좋아~♪
익스큐즈 미…
전화 한 통만 쓸 수 있게
해주신다면
정말 정말 감사 드려요.
통화료도 드릴게요.
울먹
울먹
노 프라블럼~
빌려줄게요!
돈은 필요 없어요~
천사 등장
짠
우와아아 ~

사장님의 친절 덕분에
무사히 숙소 도착!

배낭을 내려놓자마자
기념품 가게로 달려갔다.

시간이 흘러도 오늘의 고마움을 잊지 말라는 의미의,
내가 나에게 주는 선물.

유리공예로 유명한
베네치아!
골목 모퉁이를
살짝 돌기만 해도…

별처럼 예쁜 볼거리가 눈에 촘촘히 박힌다.

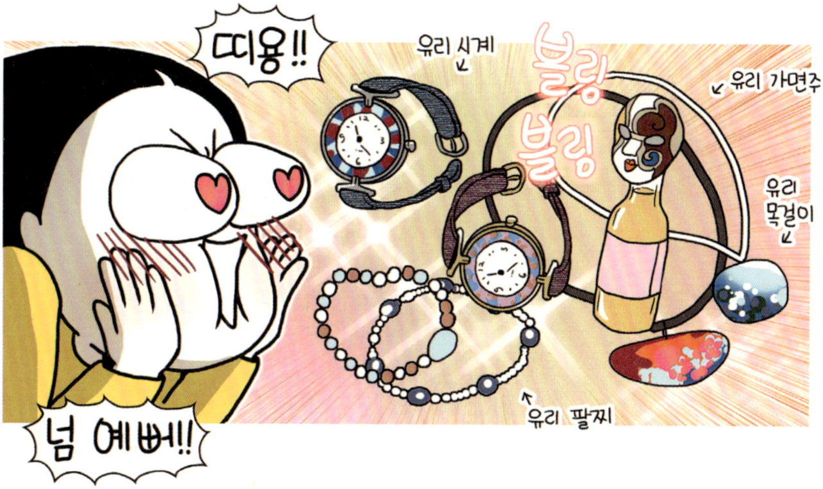

바다에 떠 있는 도시라 그런지
해산물 요리도 유명하다.

민박집에서 만난
재미 교포 H 양과 함께
오징어 먹물 파스타를 먹으러 갔다.

오징어 먹물 파스타를 보니
며칠 전 먹은 '포모도로'가 생각난다.

토마토소스가 혀에 닿는 순간,
신선한 토마토를 방금 갈아서
만들었다는 게 느껴졌다.
이게 바로 이탈리아 파스타구나!

오징어 먹물 파스타는
면발도 먹물로 만들고 소스도 먹물로 만들었다.
'진짜' 오징어 파스타다.

감칠맛 나는 오징어 먹물이 혓바닥에 짝짝 달라붙는,
그야말로 먹으면서도 침이 고이는 맛!

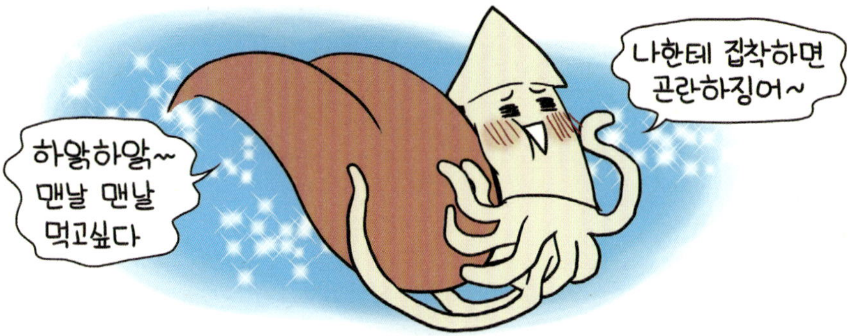

얼마 전, 나도 모르게 얘기가 튀어나와서
분위기 완전 싸~해진 적이 있었다.

맛있는 요리, 맛없는(?) 이야기와 함께
베네치아에서의 하루가 저물어간다.

다음날, H 양은 베네치아를 떠났다.

하지만
채소 사 먹을 돈도 부족한
가난한 배낭여행객에게
곤돌라 비용은 꽤 부담된다.

동행과 함께라면
비용이 'N분의 일'이 된다.

그래도 한 사람 당
몇만 원은 내야 해서
곤돌라를 타는 사람은
생각보다 많지 않다.

S 양은 나보다 적극적이다.

저분 H 양
아니에요?!
엑?!
지금쯤 기차 안에
있어야 할 분이
왜 저기에…
아!
베네치아가 너무 좋아서
기차 시간 바꾸고 돌아왔어요
헤헷!
곤돌라?!
당연히 타야죠!
불끈
예~스!!
이제 한 명만
더 구하면 돼!
누구한테
물어볼까
앗!
Sorry!
퍽
?!

신기하게도 스위스 여행에서 만난 사람을
이탈리아 베네치아에서 다시 만났다.
마치 곤돌라를 '꼭' 타라는 계시처럼!

우연에 우연을 거듭하여 만난
네 명의 여행자, 한 명의 곤돌리에가
베네치아 섬 사이로 흘러간다.

곤돌리에 이름은 피터.
스파이더맨 주인공과 이름이 똑같다고 하자.
자신의 이름은 흔하다며 멋쩍게 웃는다.
생각해보니 스위스에서 만난 패러글라이더 이름도 피터였다.

그는 노를 저은 지 30년이 넘었다고 한다.
30년의 햇살이 쌓인 구릿빛 얼굴이
흰옷과 대비되어 더욱 도드라진다.

피터가 영어로 설명하면
H 양이 동시통역해준다.

곤돌리에는 골목을 지날 때마다,
다른 곤돌라가 있는지 확인하기 위해
신호를 보낸다.

때때로 메아리처럼 화답이 오고
곤돌라가 모습을 드러냈다.

그래서 우리도
노래 요청을 해보았는데

칼같이 거절당했다.

곤돌라에 타면
바다의 움직임이 그대로 전해진다.
잔잔한 물결이 배의 표면을 보드랍게 매만지다가
때때로 출렁대는 물살이
찰싹, 곤돌라의 뺨을 때리고 간다.

곤돌라의 기분을 여실히 느낄 수 있기에,
나 자신이 한 척의 작은 배가 된 듯한 기분마저 들었다.

문득,
노 젓는 소리가 들린다.
삐걱, 삐걱.
곤돌라의 노래다.

Good bye!
아쉽다
또 타고 싶어
터덜
터덜

혼자라서 더 좋은

피렌체 FIRENZE, 피사 PISA

어느덧 피렌체에 도착했다.

피렌체는
준세이와 아오이의 10년에 걸친 사랑을 다룬
〈냉정과 열정 사이〉로 유명한 도시!

나는 소설을 읽거나 영화를 보고
이 도시를 방문하게 되었다는 사람들처럼 열혈 팬은 아니지만…

준세이가 낡은 자전거를 타고서
시간이 묻은 골목으로 사라지는 장면을 볼 때면

'피렌체'라는 곳이 궁금해지곤 했다.

도시 전체가 세계문화유산으로 지정된 피렌체.
그중 대표적인 건축물은 두오모다.

너른 광장에 뿔처럼 솟아있는
밀라노의 두오모와 달리
골목의 틈새에 숨겨진 피렌체의 두오모.

큰 건물 같은 건 절대로 나오지 않을 것 같은
골목을 따라 걷다가, 두오모를 만났을 땐
숨은 보물찾기에 당첨된 기분이 든다.

두오모에서 피렌체 전경을 보고 싶을 때
오를 수 있는 전망대는 두 곳!

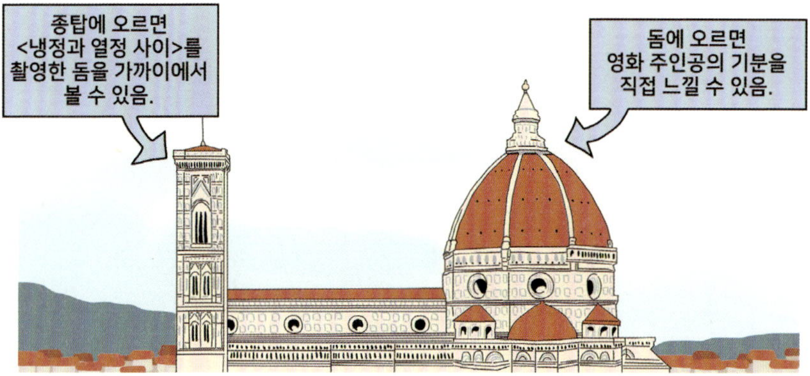
종탑에 오르면
<냉정과 열정 사이>를
촬영한 돔을 가까이에서
볼 수 있음.
돔에 오르면
영화 주인공의 기분을
직접 느낄 수 있음.

뭐, 둘 다 오르면 좋겠지만…….

돈
없음

'돔 전망대'로 선택!

뚜벅
뚜벅
뚜벅

그.런.데?!

높이 오를수록 계단인지 사다리인지 헷갈림!

딱 봐도 먼저 올라가기 무서워서
강제로 양보(?)하는 표정이다.

이 사다리만 오르면
전망대다…!
후들
후들
후들
힘내자…!
후들

도오오 차아악…
헉헉 헉헉

오-!!

하늘엔 푸른 바다,
아래엔 붉은 바다가 펼쳐진다.

바람이 분다.
머리칼이 흩날린다.
붉은 바다도 바람의 결에 따라
넘실거리는 기분이 든다.

편집된 화면을 보는 것과

나의 두 눈동자로 보는 피렌체는
확실히 다르다.

단, 내려가는 건
완전 무서움.

파리 지하철에서
로댕의 조각상을 만나듯,
유럽에서는
예술작품과 사람들이
함께 숨 쉬며 살아간다.

피렌체도 마찬가지!
이곳엔 '지붕 없는 미술관'으로 불리는 시뇨리아 광장이 있다.

진품이 울고 갈 정도로 정교한 복제품 조각과
심지어 진품 조각까지 자유롭게 서 있는 곳이다.

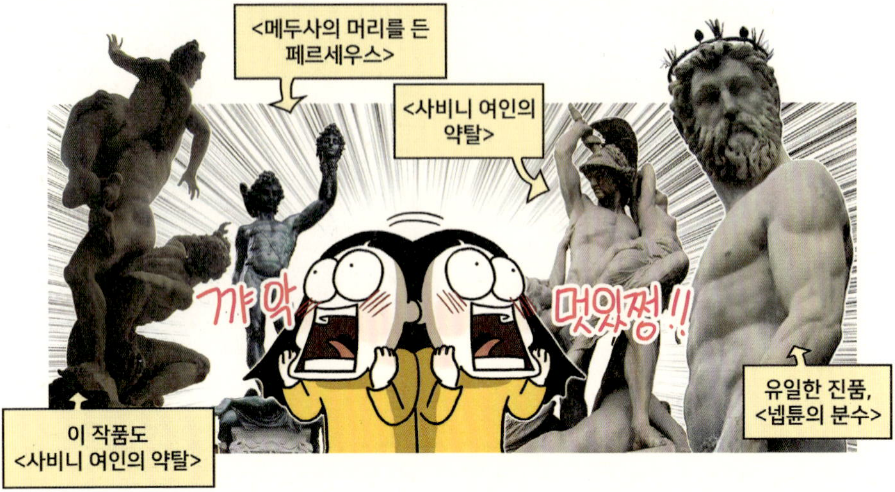

문득 입시 미술학원에서
석고상을 그렸을 때가 떠오른다.

그때는 정말 석고상이 꼴도 보기도 싫었다.

이번에 프랑스 루브르 박물관에서
'진짜' 〈비너스〉를 보고 나서야
미의 여신의 아름다움을 알게 되었다.

유럽에서는 미술관에 갈 때마다 항상 그림을 그렸다.

사각
사각
사각
사각

그림 그리며
먹는 콜라가
제맛~!
꿀꺽 꿀꺽
이봐!!
불쑥

여기도 엄연히 미술관인데
음료수 먹으면 돼? 안 돼?
안 됩니다용
죄송
죄송

진짜로 혼남…….

이분은 내가 머물고 있는 한인 민박 사장님!
어딘지 모르게 나랑 닮으셨다.

자신의 어릴 때를 본 기분이었을까,
민박집 사장님은 나를 특히 아껴주셨다.

도시락을 싸 들고
피렌체 근교 도시, 피사에 간다.

피사에는
기울어진 종탑으로 유명한
'피사의 사탑'이 있다.
사탑의 기울기는 '5.5도'다.
조그만 각도기로 봤던 5.5도는
수직과 별 차이도 없었는데,
58미터 건축물의 5.5도는
금방이라도 나를 향해
쓰러질 것 같은 느낌이다.
기울어진 곳 아래로
지나가기가
조금 무섭다.
인증샷
찍는 중!

피사의 사탑 앞에는
온갖 포즈로 사진 찍는 사람들이 '진짜' 많다.

구경하는 재미가 쏠쏠함.

여행지를 옮길 때마다
꼭 한 번은 동행을 만났는데…….

여행의 마지막이
다가온다.

카우치 서핑으로 만난 인연

로마 ROME, 바티칸 VATICAN

모든 길은 로마로 통한다는,
바로 그 '로마'에 도착했다.

말로만 들었던 콜로세움을
내 두 눈으로 직접
보는 날이 올 줄이야
콜로세움
로마의 원형 경기장
유네스코 세계문화유산

마지막 여행에 이르면
설렘보다는 아쉬움이
클 법도 한데

처음 이탈리아에 도착한 날처럼
설레기만 하다.

'카우치 서핑'이란
'잠을 청할 현지인의 소파를 찾는다'는 의미로
숙박비도 아끼고 현지 문화도 체험하는
1석 2조 여행 문화이다.

나는 베네치아에 와서야
이 여행 문화에 관해 뒤늦게 알게 되었다.

카우치 서핑 사이트가 있다는 말에
아픈 몸을 이끌고 컴퓨터를 켰는데!

사이트는 당연히 '오직' 영어로 쓰여있고,
나의 프로필도 장문의 영어로 기재해야 했다.

어찌어찌하여 영어 프로필을 완료한 뒤에는
나에게 소파를 빌려줄 호스트를 찾아야 하는데!

호스트 대부분은 '남성'이라
신청하기 꺼려진다.

겨우 여성 호스트를 찾음.

오래지 않아 답장이 오다!

베네치아에서 여행 못 하고 끙끙 앓은 덕분에
카우치 서핑을 하게 되었으니,
사람 일은 알다가도 모르겠다.

파트마를 만나기 전까지
홀로 로마를 돌아다녔다.

누렇게 바래고 무너진 유적지 사이를 걷다 보면
'그리스 로마 신화' 시절 속으로 빨려 들어가는 것만 같다.

이따금 무심한 갈매기도 만난다.
근처에 바다 내음이라곤 전혀 나지 않는데,
갈매기도 로마가 좋은가 보지 뭐.

아참, 이탈리아는
유적지뿐만 아니라
젤라또로도 매우 유명하다.

로마에서 가장 유명한 건
리조(쌀) 젤라또이다.

이탈리아의 음식에선 재료의 싱싱함이 담겨있다.
포모도로 소스에서는 신선한 토마토가,
젤라또에서는 방금 갈아 넣은 재료의 맛이 그대로!

로마의 쌀 젤라또 매장이 수출된 나라가
전 세계에 단 하나라고 하는데,
바로 우리나라!

드디어 파트마를 만나는 날!

이제까지 아무 생각 없다가
급 무서워진 원달이.

파트마의 선량한 얼굴을 보자,
조금 전 두려움이 씻은듯 사라진다.

메르베도
터키에서 온 유학생으로
이곳은 유학생들의
셰어하우스였다.

진짜로 소파에서 잤으면 허리 꽤나 아팠을 듯.

짐을 풀고 나오니
파트마가 저녁 준비에
한창이다.

얘들아~ 어서 먹어!
짠!!
우와아-!
진짜 맛있다! 파트마 짱!
아이참 ~ 파트마 너 때문에 내가 요리를 안 배운다니까?
냠냠
오물 오물
?!!!
둘 다 요리 못함

이봐, 메르베.
자네도 꽤나 오래
혼자 산 것 같은데
요리를 못하는군.
그럼 뭘 잘하지?
나로 말할 것 같으면
설거지를 기가 막히고
코가 막히게 잘하지!
따봉
진짜로
코가 막힌다능
푸하하하
핫핫핫!
메르베 완전
내 스타일!!
원달이
너무 맘에 드는데?
얘들아
식사 안 하고
뭐해?
개그 코드가 맞는
원달이와 메르베

저녁을 먹은 후, 셋이 함께 밤의 로마를 거닐었다.
혼자 다니면서도 보았던 풍경이지만
두 친구와 함께하니 더 특별하게 느껴진다.

셋 다 영어를 잘 하지 못하지만 우리의 웃음은 도무지 멈추질 않는다.
'우정은 언어 너머 존재하는 것'이라는 사실을
다시 한번 깨닫는다.

그러나
만남에는 이별이 따라오는 법.

하지만
다시 만날 수 없으리라는 걸 우리는 안다.

그동안 잊고 있던,
여행을 곧 마친다는 사실이
두 친구와의 이별과 겹쳐
큰 상실감으로 다가온다.

친구와의 이별, 여행과의 이별로 인해
여러모로 슬픈 감정이 들긴 하지만,
그래도 로마를 여행하다 보면 기분이 좋아진다.
여행 중의 하루는 '포로 로마노'를 걸었다.
포로 로마노는 고대 로마의 거대한 유적지다.
사람들로 빽빽한 로마 명소들 사이에서
유일하게 한가롭게 거닐 수 있는 곳이다.

하늘은 무척이나 맑아서
파란 물을 흠뻑 뒤집어쓸 것만 같았다.
나는 고요한 유적지를 거닐며
여행의 마지막을 정리한다.

이욱고 여행의 마지막 밤!

트레비 분수에 동전을 던지면
로마에 다시 돌아온다는 속설이 있다.

문득, 이런 생각이 든다.

나는 유럽에 다시 돌아오고 싶을까?

다음 날, 비행기 타러 가는 길.

파트마가 어렵게 시간을 내서
나를 배웅하러 왔다.

조금 전까지만 해도
굉장히 우울했어.
이렇게 좋은 유럽에
다신 못 올거 같아서…
토닥
토닥

하지만 평생 못 볼줄 알았던
파트마, 널 다시 만났어.
나도 다시
만나서 기뻐

그래서인지
다시 돌아올 수
있을 것 같아
로마에…
유럽에!

안녕

뮤지엄 다이어리 ★ Museum diary

바티칸이 사랑한 미켈란젤로

1
미켈란젤로의 건축적 천재성을 느낄 수 있는 성 베드로 대성당.

이탈리아 로마에는 세상에서 가장 작은 나라이자 교황님이 있는 바티칸 시국이 있다.

바티칸 시국의 시스티나 예배당 천장에는 영화 〈이티〉에서 패러디한 것으로 유명한 〈천지 창조〉가 있다. 사실 〈천지 창조〉는 〈시스티나 예배당 천장화〉의 일부로, 이 천장화는 800제곱미터가 넘는 거대한 그림이다. 살 떨리도록 거대한 그림을 그린 사람이 바로, 너무너무 유명해서 초등학교만 들어가도 다 아는 미켈란젤로(1475-1564)이다.

바티칸에서는 미켈란젤로의 천재적 모습을 다방면으로 확인할 수 있다. 그가 23살이라는 젊은 나이에 조각한 〈피에타〉에서는 천재적인 조각 실력을 알 수 있고 (난 23살에 뭐 했나 싶다), 바티칸 시국의 몸체라 할 수 있는 성 베드로 대성당에

서는 그의 건축적 천재성을, 그리고 시스티나 예배당 천장화에서는 회화적인 천재성을 느낄 수 있다. 미켈란젤로가 사람이 맞긴 할까?

시스티나 예배당으로 향하는 동안, 문득 천장화에 얽힌 재미있는 일화가 떠오른다.

미켈란젤로가 교황에게 천장화를 하도 보여주지 않아서 교황이 무작정 시스티나 예배당에 들어갔다. 천장에 그림은 없고 조각만 잔뜩 있었다. 교황은 분개했다.

"미켈란젤로 이놈이 조각가에게 그림을 그리게 했다고 교황에게 감히 이런 식으로 복수하는구나. 천장에 달린 조각들이 땅으로 떨어질까 무서우니 당장 올라가서 떼어버려라."

2
미켈란젤로
<피에타>
1498-1499년

3
성 베드로 대성당 전망대에서 바라본 로마의 전경. 열쇠 구멍 형태의 광장이 인상적이다.

교황을 보좌하던 사람 한 명이 허둥지둥 천장에 올라갔다. 천장을 만져보던 그 사람이 어리둥절한 표정을 지으며 교황에게 외쳤다.

"거, 참 이상합니다. 멀리서 볼 때는 분명히 조각이었는데, 가까이에서 보니 그림입니다."

미켈란젤로가 그림을 얼마나 입체적으로 그렸는지, 시스티나 예배당 안에 있던 사람들 모두가 조각인 줄 알았다.

이 일화가 미켈란젤로라는 대가를 찬양하기 위해서 후세 사람이 부풀린 이야기가 아니라, 100퍼센트 진실이라고 나는 확신한다. 나 역시 미켈란젤로의 의도치 않은 속임수(?)에 넘어갔으니까!

아홉 살의 나는 미켈란젤로 위인전을 읽고 있었다. 책에 실린 그의 작품이 너무 멋져서 몇 번이나 보고 또 봤던 기억이 지금도 생생하다. 그러다 〈톤도 도니〉라는 '그림'을 보았을 때 나는 중얼거렸다.

"어머, 미켈란젤로가 이번에는 조각에 색칠도 했네."

나의 굳건한 믿음은 며칠 전 피렌체 우피치 미술관에서 〈톤도 도니〉 실물을 보았을 때 와장창 깨졌다. 오랫동안 나를 속였던(?) 이 그림은 아홉 살 때처럼 여전히 나를 헷갈리게 한다. 가까이에서 보면 붓질을 한 그림이 맞는데, 멀리서 보면 영락없이 채색한 조각이다. 마치 뻥 뚫린 원형의 구멍에 채색한 조각을 조심스레 올려놓은 것 같다. 내 키보다도 작은 그림을 보면서도 이렇게 감탄을 하게 되는 내가, 800제곱미터에 이르는 거대한 회화를 보게 된다면 얼마나 놀랄까!

시스티나 예배당은 햇빛이 잘 들지 않는 자작나무 숲속처럼 어슴푸레하다. 검은 옷을 입은 직원들이 쉬- 쉬- 낮은 소리를 내며 관람객들에게 조용히 하라는 신호를 보낸다. 나는 왠지 모르게 그 소리가 대리석의 숲으로 초대하는 양치기의 휘파람 소리처럼 느껴진다.

사슴처럼 목을 길게 빼고 천장을 바라본다. 먼 옛날 교황이 분노했던 위태로운 조각의 세계가 펼쳐진다. 거대한 몸집의 배우가 천장에 매달린 채 한창 공연을 하고 있다고 해도 믿을 정도로 입체적이고 생동감 넘치는 그림들! 더욱 놀라운 것은 그림과 그림 사이의 대리석 기둥마저 진짜 기둥이 아니라 그림이라는 점이다.

천장을 계속 올려다보고 있으니 목이 아프다. 순간, 감탄으로 가득 찬 마음은 연기처럼 사라지고, 안쓰러움이 밀려온다.

미켈란젤로는 4년 동안 800제곱미터의 그림을 거의 혼자서 그렸다. 4년 동안 목을 젖히고 있었다는 의미다. 그는 천장화를 그리는 동안에 온몸에 종기가 나기도 했고, 허리와 목이 굽었으며, 도망갔다가 잡혀 오기도 했고, 심지어 물감 세례를 맞아 한쪽 눈을 실명했다.

차라리 그가 천장화를 그리고 싶어서 그리기라도 했다면 덜 억울하겠지만, 그는 천장화를 그리기 싫어했다. 지금은 이해할 수 없지만, 그 당시에는 '조각이 더 위대한지,

4

아니면 회화가 더 위대한지'를 놓고 조각가와 화가들 사이에서 격렬한 논쟁이 있었다고 한다. 화가는 '평면을 입체로 보이도록 하므로' 회화가 조각의 위에 있다고 주장했고, 조각가는 그런 화가들에게 '화가들은 종이에 거짓말하는 거짓말쟁이'라고 맞받아치며 조각의 위대함을 강조했다. 아무튼, 미켈란젤로는 자신을 '조각가'로 여겼고, 교황 율리우스 2세는 그런 그에게 갖은 협박을 하며 벽화를 그리게 한 것이다.

협박 때문에 그렸던 그림이 '조각가 미켈란젤로'의 가장 큰 업적이 되었다. 로마에 온 사람들은 〈시스티나 천장화〉를 보기 위해 바티칸을 찾는다. 그가 자신의 그림을 보기 위해 끝없이 줄을 선 사람들을 본다면 어떤 말을 할지, 문득 궁금해진다.

5

4
미켈란젤로
<시스티나 천장화>의 <천지 창조>
1508-1512년

5
미켈란젤로
<톤도 도니>
1504-1505년

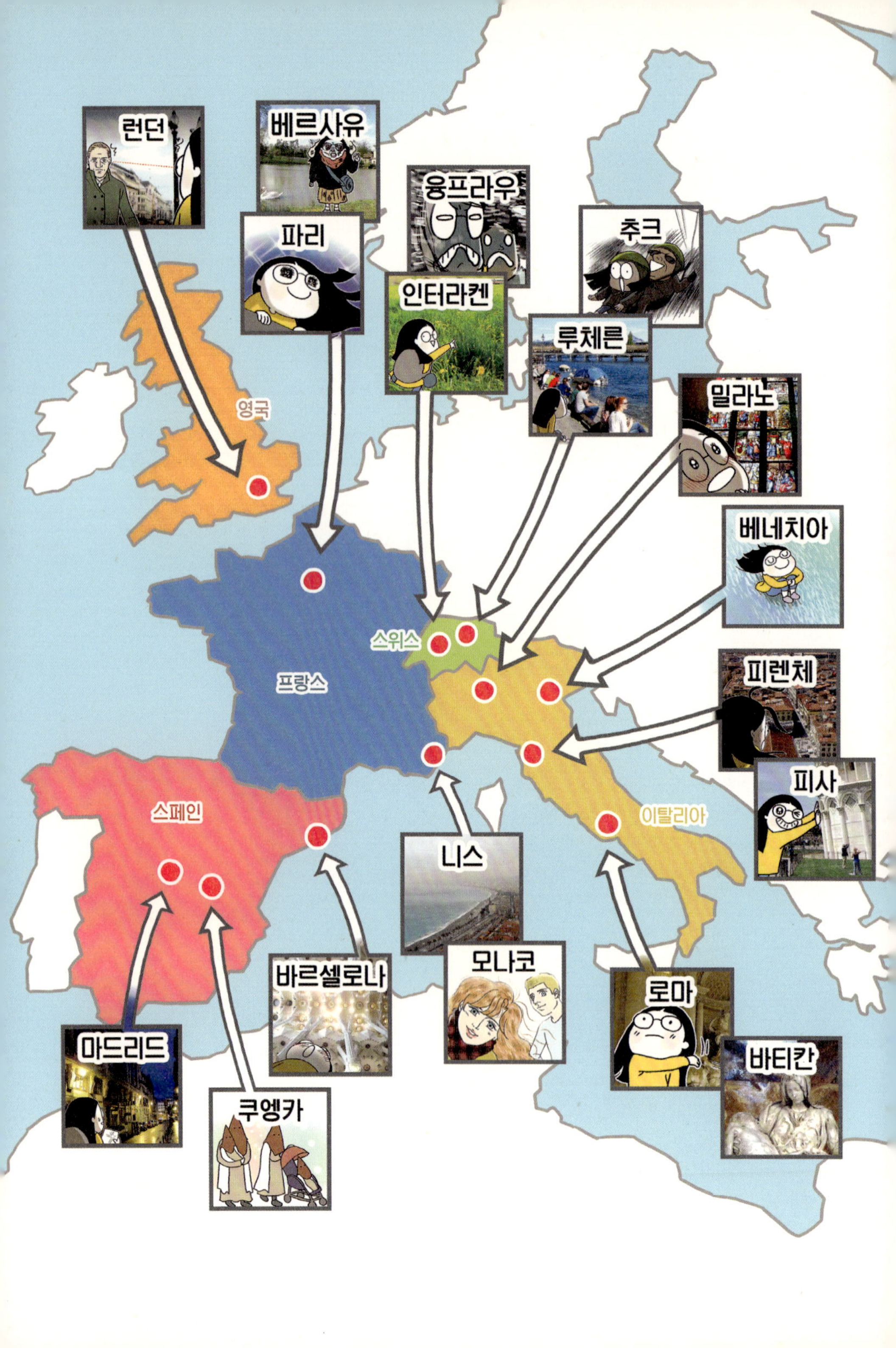

런던
베르사유
융프라우
파리
추크
인터라켄
루체른
밀라노
베네치아
영국
스위스
프랑스
피렌체
피사
스페인
이탈리아
니스
모나코
바르셀로나
로마
바티칸
마드리드
쿠엥카

또 만나!

에필로그

한국으로의 여행

이곳은 바로 한국의 쌀 젤라또 매장!

여우가 밀밭의 황금색을 바라보며
어린 왕자를 그리워하듯이

젤라또가 입안에 퍼지자
그리운 풍경이 눈 앞에 펼쳐진다.

여행이란 이런 것 아닐까?

어떤 사람에게는
딱히 특별할 것 없는 일상을

새로운 시각으로 바라보게 되어
현재의 삶을 소중하게 여기게 되는 것-!

여행을 다녀온 뒤,
내가 여행툰과 일상툰을 그리는 만화가가 된 건
우연이 아니라는 생각이 든다.

그리고
따뜻한 5월의 어느 날

파트마를 다시 만나다.

만화는 끝났지만

원달이의 여행은
계속됩니다!

사각사각

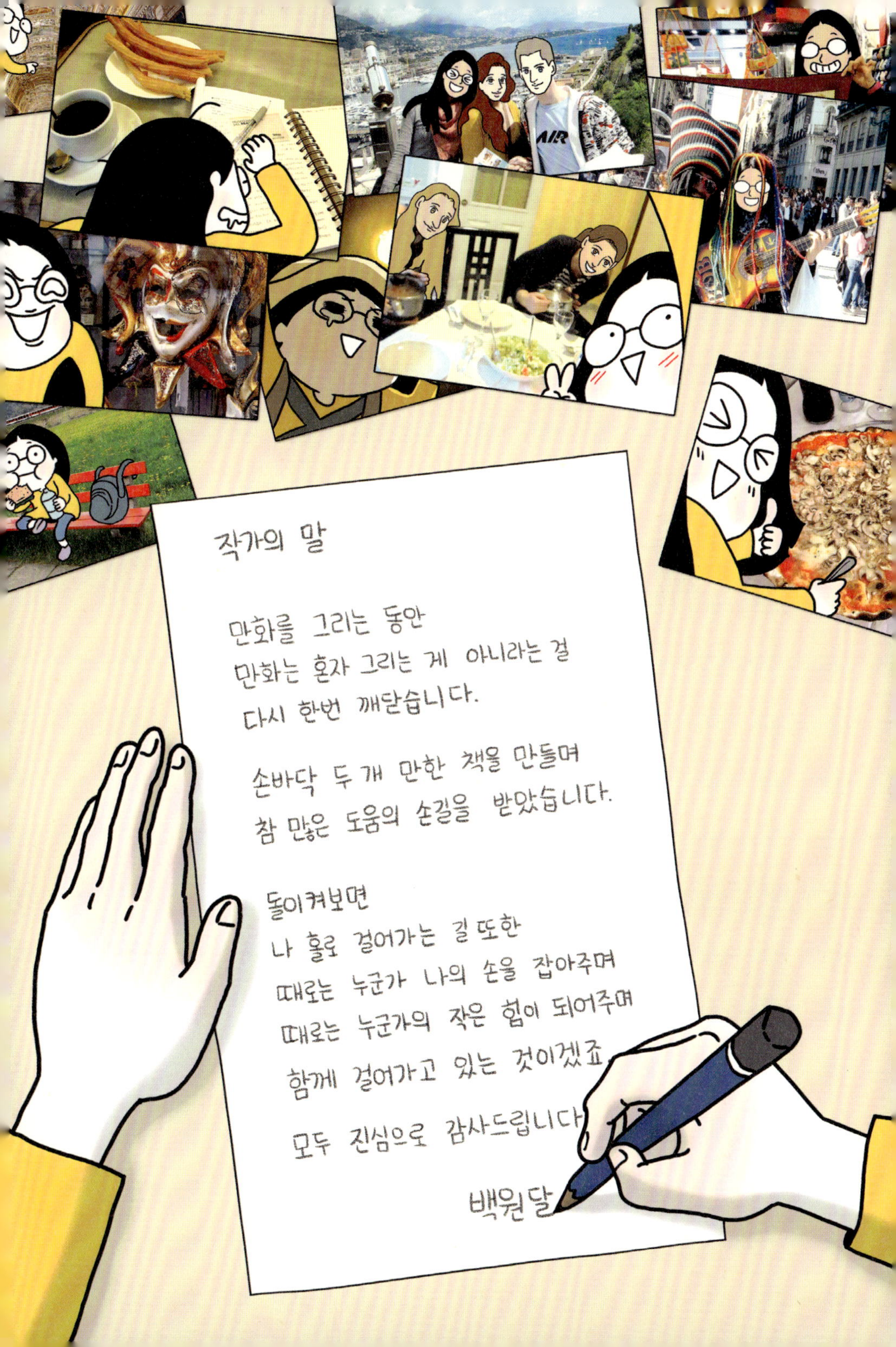
AIR
작가의 말
만화를 그리는 동안
만화는 혼자 그리는 게 아니라는 걸
다시 한번 깨닫습니다.
손바닥 두 개 만한 책을 만들며
참 많은 도움의 손길을 받았습니다.
돌이켜보면
나 홀로 걸어가는 길 또한
때로는 누군가 나의 손을 잡아주며
때로는 누군가의 작은 힘이 되어주며
함께 걸어가고 있는 것이겠죠.
모두 진심으로 감사드립니다
백원달

나 홀로 유럽

겁쟁이 원달이의 두 번째 배낭여행 만화

2018년 3월 12일 초판 1쇄 펴냄

글 그림 사진 백원달

편집 도움 조혜원
원고 도움 조혜원
원고 도움 김귀연
교열 교정 한윤희
디자인 안미경
발행인 김홍주
마케팅 김홍주
펴낸곳 231 프로젝트(아이덴)
인쇄 해오름인쇄

231 프로젝트
전화 02-400-8503
주소 서울시 종로구 동숭1길 17
홈페이지 www.idenlab.com
출판등록 제2018-000013호
마케팅등록 204-15-25121

ISBN 979-11-963109-0-5 07980

이 제작물은 로커스의 로커스 상상고딕을 사용하여 디자인되었습니다.
이 책에 실린 회화 이미지들은 퍼블릭 도메인으로 출처는 위키백과입니다.

이 도서의 국립중앙도서관 출판예정도서목록(CIP)은 서지정보유통지원시스템 홈페이지(http://seoji.nl.go.kr)와 국가자료공동목록시스템(http://www.nl.go.kr/kolisnet)에서 이용하실 수 있습니다. (CIP제어번호: CIP2018004972)

문화체육관광부 한국만화영상진흥원 KOREA MANHWA CONTENTS AGENCY

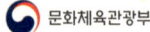

한국만화영상진흥원 2017 다양성 만화 제작 지원사업 선정작